主　　编　曹士兵　国家法官学院副院长

副 主 编　关　毅　国家法官学院科研部主任

　　　　　刘　畅　国家法官学院科研部副主任

主编助理　边疆戈　国家法官学院编辑

　　　　　苏　烽　国家法官学院编辑

《中国法院年度案例》编辑人员（按姓氏笔画）

边疆戈　关　毅　刘　畅　苏　烽　孟　军

罗胜华　赵丽敏　唐世银　曹士兵　曹海荣

梁　欣　程　瑛

本书编审人员　苏　烽

中国法院

2016年度案例

国家法官学院案例开发研究中心◎编

雇员受害赔偿纠纷

中国法制出版社
CHINA LEGAL PUBLISHING HOUSE

《中国法院年度案例》通讯编辑名单

序

《中国法院年度案例》丛书，是国家法官学院于2012年开始编辑出版的一套大型案例丛书，之后每年初定期出版，由国家法官学院案例开发研究中心具体承担编辑工作。此前，该中心坚持20余年连续不辍编辑出版了《中国审判案例要览》丛书80余卷，分中文版和英文版在海内外发行，颇有口碑，享有赞誉。现在编辑出版的《中国法院年度案例》丛书，旨在探索编辑案例的新方法、新模式，以弥补当前各种案例书的不足。该丛书2012—2015年已连续出版4套，一直受到读者的广泛好评，并迅速售罄。为响应读者需求，2014年度新增3个分册：金融纠纷、行政纠纷、刑事案例。2015年度将刑事案例调整为刑法总则案例、刑法分则案例2册。现国家法官学院案例开发研究中心及时编撰推出《中国法院2016年度案例》系列，新增知识产权纠纷分册，共20册。

党的十八届四中全会提出了建设中国特色社会主义法治体系，建设社会主义法治国家的依法治国的总目标，对司法体制改革和司法审判提出了新的标准和要求，特别强调加强和规范司法解释和案例指导，统一法律适用标准。法律的生命在于实施，而法律实施的核心在于法律的统一适用。《中国法院年度案例》丛书出版的价值追求，即是公开精品案例，研究案例所体现的裁判方法和理念，为司法统一贡献力量。

总的说来，当前市面上的案例丛书大多“不好读”，存在篇幅长、无效信息多、案例情节杂、缺乏深加工等不足。《中国法院年度案例》丛书试图把案例书籍变得“好读有用”，故在编辑中坚持以下方法：一是高度提炼案例内容，控制案例篇幅，每个案例基本在3000字以内；二是突出争议焦点，剔除无效信息，尽可能在有限篇幅内为读者提供有效、有益的信息；三是注重对案件裁判文书的再加工，大多数案例由案件的主审法官撰写“法官后语”，高度提炼、总结案例的指导价值。

同时，《中国法院年度案例》丛书还有以下特色：一是信息量大。国家法官学院案例开发研究中心每年从全国各地法院收集到的上一年度审结的典型案例超过10000件，《中国法院年度案例》有广泛的选编基础，可提供给读者新近发生的全国各地的代表性案例。二是方便检索。为节约读者选取案例的时间，丛书分卷细化，每卷下还将案例主要根据案由分类编排，每个案例用一句话概括焦点问题作为主标题，让读者一目了然，迅速找到需要的案例。

总之，编辑《中国法院年度案例》就是为了让案例类书籍简便、易用，这既是本丛书的特点，也是编辑出版这套丛书的理由。中国法制出版社始终坚持全力支持《中国法院年度案例》的出版，给了作者和编辑们巨大的鼓励。我们在此谨表谢忱，并希望通过共同努力，逐步完善，做得更好，真正探索出一条编辑案例书籍的新路，更好地服务于学习、研究法律的读者，服务于社会，服务于国家的法治建设。

本丛书既可作为法官、检察官、律师等实务工作人员办案权威参考和培训推荐教程，也是社会大众学法用法的极佳指导，亦是教学科研机构案例研究配备精品。当然，案例作者和编辑在编写过程中也不能一步到位实现最初的编写愿望，可能会存在各种不足，甚至错误，欢迎读者批评指正，我们愿听取建议，并不断改进。

曹士兵

目　录

Contents

一、雇佣关系的确定

二、雇佣关系与承揽关系的区分

三、雇主与雇员的责任划分

四、雇主与其他被告、第三人之间的责任划分

五、赔偿协议与标准

六、雇员致害赔偿

七、义务帮工受害赔偿

八、义务帮工致害赔偿

九、时效与其他

一、雇佣关系的确定

1

退休职工受派遣回原单位从事劳务的法律关系认定

——李明才诉贵州越达劳务服务有限公司、贵航高级技工学校提供劳务者受害责任案

【案件基本信息】

1. 裁判书字号

贵州省贵阳市中级人民法院（2014）筑民一终字第1575号民事判决书

2. 案由：提供劳务者受害责任纠纷

3. 当事人

原告（被上诉人）：李明才

被告（上诉人）：贵州越达劳务服务有限公司（以下简称越达公司）、贵航高级技工学校（以下简称贵航技校）

【基本案情】

李明才原系贵航技校退休职工。2013年4月1日，李明才与越达公司签订书面劳务合同后，受越达公司派遣到用工单位贵航技校从事抽水工作。合同约定：“……一、聘用期限：本合同合同期限从2013年4月1日起至2015年3月31日止，共壹年。二、生产、工作任务：甲方根据用工单位的生产、工作任务需要，安排乙方在用工单位抽水工作的岗位，承担抽水任务，担任抽水工种（职务）”。三、劳动纪律：乙方严格遵守国家法律、法规和用人单位的规章制度，并与用工单位签订

岗位合同，严格遵守岗位合同中的各项条款“……五、劳动报酬：……2. 乙方试用期满后，确定乙方工资标准为1300元/月。3. 甲方应以法定货币形式按月足额支付乙方工资，不得克扣或无故拖欠……”。2013年5月13日6时许，李明才抽水结束后，未经允许离岗到校外治疗感冒，8时许在返校途中接到贵航技校通知，要求到贵航技校抽水。李明才随即驾驶贵AE××××号摩托车返回贵航技校，途中因交通事故受伤。事故发生后，肇事货车司机逃逸。经交警部门事故认定，肇事货车司机负此次事故全部责任，李明才不负责任。李明才受伤后被送往贵阳市第一人民医院治疗，住院期间支付医疗费141840.65元。2014年4月17日，经贵阳医学院法医司法鉴定中心鉴定：（一）1. 李明才因交通事故致右下肢损伤遗留右足五趾功能大部分丧失属×（十）级伤残；2. 李明才因交通事故致右下肢损伤遗留右踝关节功能大部分丧失属×（十）级伤残；（二）李明才目前所需后续医疗费合计约人民币2500元；（三）李明才因交通事故致右下肢多发骨折伴软组织挫伤，其休息期、营养期、护理期分别约为180日、90日及90日。原告支付鉴定费1900元。

【案件焦点】

1. 李明才受越达劳务公司派遣到贵航技校从事抽水工作，期间因交通事故受伤，李明才与贵航技校之间系劳动关系还是劳务关系；2. 李明才的损失应属于工伤赔偿范畴还是侵权赔偿范畴。

【法院裁判要旨】

贵州省修文县人民法院经审理认为：李明才从原单位贵航技校退休后与用人单位越达公司签订《聘用合同书》，受聘于越达公司，被派遣至贵航技校从事抽水工作，因原告超过法定退休年龄，不受《中华人民共和国劳动合同法》调整，李明才与越达公司之间形成劳务合同关系，李明才与贵航技校之间形成雇佣关系。李明才受越达公司派遣到贵航技校从事抽水工作，在返校途中因交通事故受伤，系在执行工作任务期间遭受第三人侵权，现肇事货车司机逃逸且李明才对交通事故不负责任，越达公司作为用人单位应对李明才的损失承担相应的赔偿责任。李明才在工作时间未经允许擅自外出，贵航技校作为用工单位监管不到位，对此损害发生存在一定过错，亦应对李明才的损失承担相应的赔偿责任。李明才遭受损害系从事雇佣活动中遭受第三人侵权，其可自行选择向雇主或侵权人主张权利。

贵州省修文县人民法院依据《中华人民共和国侵权责任法》第二条、第十五条、第十六条、第二十六条、第三十五条，《最高人民法院关于审理人身损害赔偿案件适用法律若干问题的解释》第十一条、第十七条、第十九条、第二十一条、第二十二条、第二十三条、第二十四条、第二十五条依法判决如下：

一、被告越达公司于判决生效后十日内赔偿原告李明才损失64510.96元；

二、被告贵航技校于判决生效后十日内赔偿原告李明才损失27647.56元。

贵航技校与越达公司以一审法院适用程序错误及法律适用错误为由共同提起上诉。

贵州省贵阳市中级人民法院裁判理由与一审法院认定理由基本一致，并依据《中华人民共和国民事诉讼法》第一百七十条第一款之规定，判决驳回上诉，维持原判。

【法官后语】

本案的难点在于李明才与贵航技校之间属于何种法律关系。我国《劳动合同法》及其司法解释并没有明确规定法定退休年龄，法定退休年龄是由国务院颁发的行政性法规所确定的。本案中李明才与越达公司虽已签订《聘用合同书》，但因李明才超过法定退休年龄，不受《劳动合同法》调整，因此认定李明才与越达公司之间为劳务关系，认定李明才与贵航技校之间为雇佣关系，本质上仍然属于一般民事侵权法律关系。最高人民法院《关于审理人身损害赔偿案件适用法律若干问题的解释》第十一条第一款规定："雇员在从事雇佣活动中遭受人身损害，雇主应当承担赔偿责任。雇佣关系以外的第三人造成雇员人身损害的，赔偿权利人可以请求第三人承担赔偿责任，也可以请求雇主承担赔偿责任。雇主承担赔偿责任后，可以向第三人追偿。"该类案件审理中，应注意当事人与原任职单位之间的关系问题，在当事人未达到行政性法规所确定的法定退休年龄前，依双方合同约定即构成劳动关系，发生纠纷适用《保险法》及《工伤保险条例》；当事人已过退休年龄，即使仍在原单位任职，也签订相关合同，但不应认定为劳动关系，当事人与用工单位之间形成的应是雇佣法律关系，适用《侵权责任法》及相关司法解释。

编写人：贵州省贵阳市修文县人民法院　谢仕成

2

提供劳务者受害责任纠纷中适格被告的确定

——王兴利诉刘树雨等提供劳务者受害责任案

【案件基本信息】

1. 裁判书字号

北京市门头沟区人民法院（2014）门民初字第 267 号民事判决书

2. 案由：提供劳务者受害责任纠纷

3. 当事人

原告：王兴利

被告：刘树雨、高祥宝、中国人民财产保险股份有限公司北京分公司、王堂山

【基本案情】

2012 年 9 月 25 日 16 时 50 分，高祥宝驾驶小型方向盘式拖拉机由东向西行驶至北京市门头沟区双大路 21 公里处时，车辆向左侧翻，造成车辆损坏，高祥宝、王堂山、王兴利等受伤，刘增声死亡。王兴利经诊断为：骨盆骨折（左髋臼，左趾骨支骨折）、面部外伤、脑外伤神经反应、高血压病，于 2012 年 11 月 6 日出院，王兴利的伤残等级属×级（赔偿指数 10%），出院诊断证明书中载明在院期间需陪护一人，出院后需休息一个月。此次交通事故高祥宝负全部责任。王兴利主张其受刘树雨雇佣在其柏峪村的工地干活，干活期间的具体工作由负责为刘树雨看管工地的李某东和王有良两人具体安排。事发当天因为下雨无法干活，下午四时许经李保东同意收工，其在搭乘高祥宝的拖拉机下班途中因车辆侧翻而发生事故导致其受伤，高祥宝亦系刘树雨雇佣，且由刘树雨安排其乘坐高祥宝的车辆上下班。

刘树雨主张与王堂山签订了劳务分包协议书，将其工地内的零工分包给了王堂山，其并非王兴利的雇主，其亦未雇佣高祥宝驾驶拖拉机接送王兴利等工人，而是由工人用协议中约定的每人每天 10 元的生活费雇佣的高祥宝驾驶车辆接送工人，

为此刘树雨向本院提交了劳务分包协议书予以证明，劳务分包协议书中载明：提供劳务方为王堂山（田寺施工队），男工工资每天100元，女工工资每天80元，刘树雨提供食宿场所，另支付生活费每人每日10元，如不愿在刘树雨提供宿舍住宿，出现场后一切事宜与刘树雨无关。王兴利、王堂山对该协议书不予认可。王堂山主张该劳务分包协议书系事故发生后在其受伤意识不清醒的情况下补签的，其与王兴利等工人均受雇于刘树雨，其仅系中间联系人，负责联系工人为刘树雨的工地干活，每人每天均100元，无生活费和宿舍，其并不从中扣取工人工资，也不从刘树雨处另收取费用，高祥宝除每天100元外，因驾车接送工人，刘树雨另支付高祥宝每天100元，工人均未向高祥宝支付任何费用，其并非雇主，刘树雨才是王兴利的雇主。原被告双方均认可干活期间刘树雨一方与工人一方均有记工，工人一方由刘增文与死者刘增声记录，王兴利等人工资于2012年年底由王堂山、刘增文等人与刘树雨凭工时表进行了结算。王兴利、王堂山均主张其仅收到每人每天100元的工资，并未收到生活费等其他费用。

【案件焦点】

王兴利与刘树雨还是王堂山之间存在雇佣关系。

【法院裁判要旨】

北京市门头沟区人民法院经审理认为：王兴利明确其以提供劳务者受害责任纠纷为由而非机动车交通事故或提供劳务者致害为由提起诉讼，故其撤回对高祥宝、中国人民财产保险股份有限公司北京分公司的起诉，本院予以准许。刘树雨申请追加王堂山为本案被告，鉴于王堂山与本案有密切关系，且存在王堂山承担赔偿责任的可能，故本院依申请依法追加王堂山为本案被告。本案双方当事人的争议焦点是王兴利与刘树雨还是王堂山之间存在雇佣关系。雇佣一般是指根据当事人约定，一方于一定或不定的期限内为他方提供劳务，他方给付报酬的行为。传统的雇佣关系是劳务关系的基本类型。考察雇佣关系是否成立，主要看以下几点：1. 双方是否有雇佣合同（包括口头合同）；2. 雇员是否获得报酬；3. 雇员是否以提供劳务为内容；4. 雇员是否受雇主的控制、指挥和监督，即当事人之间是否存在控制、支配和从属关系。本案中，根据查明的事实，刘树雨与王堂山之间虽签订了劳务分包协议书，但王堂山和其他工人一样仅提供劳务，并不负责监督管理，而且只取得每天一百元的报酬，并无其他额外的费用，故刘树雨与王堂山之间虽签订了劳务分包协议书，但事实上刘树雨与王堂山之间并未形成劳务分包关系。王堂山与王兴利等工人之间不存在控制、支配和从属的关系，王兴利等工人亦不是向王堂山提供劳务并索要报酬，故王堂山与王兴利等工人之间并不存在雇佣关系。原被告均认可李保东、王有良二人为刘树雨看管工地，王兴利等人均听从二人安排、管理，且王兴利的工资系刘树雨所发，故王兴利与刘树雨之间存在雇佣关系，且刘树雨系雇主。

法院判决如下：

一、被告刘树雨于本判决生效之日起七日内赔偿原告王兴利医疗费、残疾赔偿金（含被抚养人生活费）、护理费、误工费、交通费、住院伙食补助费、营养费、精神损害抚慰金共计82015.97元（已给付5000元，余款77015.97元于本判决生效之日起七日内给付）；

二、驳回原告王兴利的其他诉讼请求。

【法官后语】

本案中，王兴利以提供劳务者受害责任纠纷为由起诉时将刘树雨、高祥宝、中国人民财产保险股份有限公司北京分公司列为共同被告，并主张高祥宝系司机和车主，受雇于刘树雨，高祥宝在中国人民财产保险股份有限公司北京分公司投保了交强险，审理过程中发现，本案中可能存在三种法律责任，即提供劳务者受害责任、提供劳务者致害责任和机动车交通事故侵权责任，但根据原告起诉理由的不同，承担责任的主体也就不同，适格被告也不尽相同。王兴利乘坐高祥宝驾驶的车辆发生交通事故，且高祥宝对交通事故负全部责任，故王兴利可以以机动车交通事故为由起诉高祥宝以及交强险投保公司中国人民财产保险股份有限公司北京分公司，王兴利主张高祥宝驾驶车辆的行为系刘树雨雇佣，故亦可将刘树雨列为被告，再根据案件审理情况进行责任认定。王兴利主张高祥宝驾驶车辆的行为系刘树雨雇佣，高祥宝在从事雇佣活动中致王兴利受伤，王兴利可以根据《侵权责任法》第三十五条的规定“个人之间形成劳务关系，提供劳务一方因劳务造成他人损害的，由接受劳务一方承担侵权责任”。起诉雇主刘树雨，要求刘树雨承担责任，但王兴利需对高祥宝驾驶车辆的行为系刘树雨雇佣的事实且系雇佣法律关系承担举证责任，但保险公司并非适格被告。

实践过程中，受害人通常会出现两种选择，一是考虑到第三人和雇主的赔偿能力，选择其中之一进行诉讼，但更多的是选择第二种，就是将第三人和雇主同时列为被告，以期待权利的实现。但从法律关系上讲，雇员起诉雇主要求雇主依据各自的过错承担责任是基于双方的雇佣关系而让雇主承担责任；而起诉第三人要求承担其赔偿责任则是基于某一种类的侵权行为。受害人要求雇主和第三人承担责任是依据的不同的法律关系，因而同时起诉雇主和第三人即两个不同的诉，故而不能在同一案件中进行处理，必须由受害人进行选择或者分别诉讼，因此受害人以提供劳务者受害责任纠纷为由将雇主和第三人作为共同被告并不适当。

编写人：北京市门头沟区人民法院　游张军

3

雇佣关系与义务帮工的区别与认定

——易玉珍诉惠山区洛社镇杨市环境卫生管理所生命权、健康权、身体权案

【案件基本信息】

1. 裁判书字号

江苏省无锡市中级人民法院（2014）锡民终字第1673号民事判决书

2. 案由：生命权、健康权、身体权纠纷

3. 当事人

原告（上诉人）：易玉珍

被告（被上诉人）：惠山区洛社镇杨市环境卫生管理所（以下简称环卫所）

【基本案情】

易玉珍系环卫所环卫工宋启珍的妻子。2013年10月中旬，该所环卫工王兴伦休假回家；期间由王兴伦承包清扫路段的任务，由同所环卫工宋启珍自愿代替，并经环卫所领导同意；王兴伦休假期间，环卫所仍将清扫工作薪酬发放至王兴伦名

下，由王兴伦转交至代替其承担清扫工作的宋启珍。因宋启珍代替王兴伦清扫，所以宋启珍承包的路段清扫任务，由其妻易玉珍帮忙完成，但未征得环卫所同意。2013年11月3日1时30分许，顾贤斌醉酒后无证驾驶未经登记的二轮摩托车，沿洛社镇杨市中国银行门前路段由南向北行驶，遇行人易玉珍从该路段由东向西横穿马路，双方发生碰撞，致易玉珍受伤。经交通巡逻警察支队事故认定，顾贤斌负事故的主要责任，易玉珍负事故的次要责任。当日，易玉珍被送至医院住院治疗，诊断为左股骨中段骨折、右胫骨平台骨折、右胫腓骨中下段开放性骨折。易玉珍至2013年11月24日出院，共花费医疗费85826.90元。后易玉珍与环卫所就赔偿问题未能协商一致，易玉珍于2014年1月27日诉至法院。

关于双方之间的关系，易玉珍认为，环卫所职工王兴伦因家里有急事，休假回家处理，经请示所领导同意，王兴伦的清扫工作由其爱人宋启珍代替，但因宋启珍的清扫工作无人替，后请示领导同意，由其于2013年10月10日起代替宋启珍进行清扫工作，由此本案中易玉珍与环卫所之间已形成雇佣关系。易玉珍为证明其主张，提供了宋启珍、王兴伦、刘桂英等人的书面证明以及易玉珍身着环卫工作服的摄影照片，提交了事故发生后宋启珍与环卫所负责人的谈话录音。环卫所质证称，证人应当出庭作证并接受当事人质询，故对书面证明不予认可；摄影照片及录音资料并不能证实环卫所雇佣易玉珍从事清扫工作。环卫所为证明其观点，提供了环卫所职工花名册、职工预付工资表、环卫职工安全工作制度等书证，并申请证人王兴伦、刘桂英、薛振明出庭作证；几名证人均称，王兴伦让宋启珍临时代替清扫，是经环卫所领导同意，但对易玉珍帮其丈夫宋启珍扫地，环卫所并不知情；易玉珍从事清扫工作，环卫所也不支付任何报酬；关于易玉珍提供的证人书面证明是由原告自己写好内容后让王兴伦、刘桂英签字的；易玉珍遭遇车祸是在清扫完成后、拣垃圾时发生的。易玉珍质证称，几名证人陈述证明了易玉珍清扫的路段是王兴伦承包的，王兴伦在环卫所授权下，招用易玉珍为环卫所提供劳务，且易玉珍被招用后连续工作20余天，环卫所并未阻止，故易玉珍与环卫所之间存在雇佣关系。

【案件焦点】

易玉珍与环卫所之间是否构成雇佣关系。

【法院裁判要旨】

江苏省无锡市惠山区人民法院经审理认为：公民的生命健康权受法律保护，因侵权遭受损害的被侵权人有权依法请求赔偿。被侵权人对损害的发生也有过错的，可以减轻侵权人的责任。根据法律规定，雇员在从事雇佣活动中遭受人身损害的，雇主应当承担赔偿责任。本案中的争议焦点在于，易玉珍与环卫所之间是否构成雇佣关系。根据原、被告在庭审中的陈述和证人证言、其他书证，以及结合原告遭受交通事故损害的过程，不能认定易玉珍受环卫所选任或指派，易玉珍代替王兴伦或宋启珍从事环卫清扫工作，并非为环卫所提供劳务；易玉珍在从事清扫工作期间亦不受环卫所的控制、指挥和监督，双方没有形成管理上的隶属关系，故易玉珍与环卫所之间不存在雇佣关系；易玉珍主张其与环卫所之间是雇佣关系，环卫所应承担雇主赔偿责任，明显证据不足，本院不予支持。易玉珍遭受的交通事故人身损害，应当由侵权人承担赔偿责任。

无锡市惠山区人民法院依照《中华人民共和国侵权责任法》第三十五条，《最高人民法院关于审理人身损害赔偿案件适用法律若干问题的解释》第一条、第十一条第一款及《最高人民法院关于民事诉讼证据的若干规定》第二条之规定，作出如下判决：

驳回原告易玉珍的全部诉讼请求。

易玉珍不服上诉，称其受王兴伦委托代替清扫路段并获取相关报酬，被上诉人是同意的，劳动成果也由被上诉人享有，故双方实为提供劳务与接受劳务的关系，应由被上诉人承担赔偿责任。二审中，环卫所出于道义，自愿补偿易玉珍3万元。江苏省无锡市中级人民法院经审理认为：主张合同关系成立并生效的一方当事人对合同订立和生效的事实承担举证责任。没有证据或者证据不足以证明当事人的事实主张的，由负有举证责任的当事人承担不利后果。本案中，易玉珍主张与环卫所之间存在雇佣关系，其提供的王兴伦等证人的证言，仅能证明王兴伦请求宋启珍帮忙承担清扫工作，相应收入也由王兴伦交给宋启珍，但并不足以证明易玉珍与环卫所之间有建立雇佣关系的合意，且易玉珍在从事清扫工作期间不受环卫所的控制、指挥和监督，双方也不存在管理上的隶属关系，故认定双方存在雇佣关系的证据不足。易玉珍要求环卫所承担赔偿责任的上诉请求，于法不符，本院不予支持。原审判决并无不当，依法应予维持。鉴于环卫所对易玉珍所受的伤害自愿补偿3万元，不违反法律规定，应予准许。

江苏省无锡市中级人民法院依照《中华人民共和国民事诉讼法》第一百七十条第一款第（一）项的规定，作出如下判决：

一、维持无锡市惠山区人民法院（2014）惠洛民初字第0084号民事判决；

二、环卫所于本判决发生法律效力之日起30日内直接给付易玉珍3万元。

【法官后语】

本案处理重点主要是对雇佣关系及义务帮工的认定。我国《侵权责任法》第三十五条规定："个人之间形成劳务关系，提供劳务一方因劳务造成他人损害的，由接受劳务一方承担侵权责任。提供劳务一方因劳务自己受到损害的，根据双方各自的过错承担相应的责任。"而帮工关系是指帮工人无偿为被帮工人处理事务而在双方之间形成的法律关系。《最高人民法院关于审理人身损害赔偿案件适用法律若干问题的解释》第十四条规定，帮工人因帮工活动遭受人身损害的，被帮工人应当承担赔偿责任。在帮工关系中，帮工人无偿提供劳务，被帮工人无需支付报酬。区别上述法律关系的核心在于：雇佣关系中双方当事人之间存在支配与被支配关系，且雇主对雇员有控制、指挥、监督、管理的权利；而帮工关系中双方当事人之间系平等协商关系，帮工人无权控制指挥被帮工人。本案中，易玉珍从事环卫清扫工作并不受环卫所控制、指挥、管理，且易玉珍与丈夫宋启珍平等协商后，自愿穿着丈夫的环卫制服、使用丈夫的环卫工具，跟随、帮助丈夫上街清扫，因环卫所不知情，故未阻止或批准、同意，也未向易玉珍支付报酬，双方之间并不因易玉珍的清扫行为而建立起雇佣关系。易玉珍、宋启珍夫妻间平等协商后，易玉珍自愿、无偿帮助丈夫从事清扫工作的行为应认定为义务帮工行为，且易玉珍作为帮工人不受被帮工人宋启珍的控制、指挥。成立帮工关系，是构成帮工风险责任的基础。原告夫妻间的帮工关系是基于特殊关系、特殊要约承诺方式形成的，据此可以认定为易玉珍以实际行动对该要约作出的承诺，且宋启珍对易玉珍的承诺帮工行为没有作出明确地拒绝。故帮工人易玉珍因帮工活动遭受人身损害，被帮工人宋启珍应当承担赔偿责任。

值得注意的是，本案经历一审、二审，通过对证据的综合分析，认定易玉珍与环卫所之间不存在雇佣关系，不应承担法律规定的雇主责任。然二审法院根据《民法》的公平原则，考虑到社会公共利益和善良风俗，准许环卫所对易玉珍的善意帮工行为在其受益范围内予以适当补偿，最终实现案结事了。

编写人：江苏省无锡市惠山区人民法院 赵旭东

4

个人拆装空调搬家等服务行业中雇佣关系的认定

——石庆芬等诉王立国提供劳务者受害责任案

【案件基本信息】

1. 裁判书字号

山东省淄博市中级人民法院（2014）淄民三终字第122号民事裁定书

2. 案由：提供劳务者受害责任纠纷

3. 当事人

原告（上诉人）：石庆芬、王震、王德友、夏瑞芝

被告（被上诉人）：王立国

【基本案情】

原告石庆芬系王宏亮之妻，原告王震系王宏亮之子，原告王德友、夏瑞芝系王宏亮之父母。王宏亮生前与被告王立国、第三人杜长江均从事拆、装空调、搬家等服务行业工作。三人都贴广告招揽生意，谁联系到的，由谁与客户进行沟通，在实际工作中具体把关，向客户领取劳动报酬，并最终进行分配。分配原则一般为：去掉材料钱等相关费用，提供工具和负责联系活的多分一部分。若被告揽的拆、装空调活，去掉材料钱，第三人杜长江和被告王立国所获劳动报酬大致相当。2013年4月29日15时，王宏亮与被告王立国乘坐由第三人杜长江驾驶的三轮载货摩托车顺管仲路由南向北行驶至铁路立交桥以南路段时，发生交通事故，导致王宏亮受伤，后被送往医院抢救，于2013年5月4日死亡。住院期间，王宏亮花费各项医疗费用共计26803.46元。道路交通事故认定书认定，该事故系第三人杜长江驾车判断

失误，遇情况措施不当所致，第三人杜长江对此次事故承担全部责任。事故发在安装空调回来并要去新的客户家拆空调的过程中，拆、装空调均是由被告王立国联系的。事后，原告方收到被告方现金11000元。2013年5月31日，四原告与第三人杜长江在临淄区道路交通事故纠纷人民调解委员会的主持下达成《人民调解协议书》，调解事项如下：第三人杜长江因此次事故赔偿四原告10万元；双方因此次交通事故产生的赔偿纠纷一次性处理完毕，以后双方互不追究责任。第三人杜长江已把赔偿款按协议约定支付给了原告。现原、被告就赔偿等事宜达不成一致意见，为此，形成诉讼。

【案件焦点】

受害人王宏亮与被告王立国之间是否形成雇佣关系。

【法院裁判要旨】

山东省淄博市临淄区人民法院经审理认为：双方当事人争议的焦点为：受害人王宏亮与被告王立国之间是否形成雇佣关系。首先，本案中，王宏亮与被告王立国、第三人杜长江均属从事服务行业的自由职业人员，在招揽生意、具体工作、分配报酬等活动中，每个人都可以实施，每一次的工作及人员的组成也均具有个别性、随意性、临时性的特点。由于其从事的拆、装空调及搬家等工作需要多人协作共同来完成，单个主体相对来说无法独立胜任，其之间仅仅是一种相对固定的临时性合作、互助关系。虽然联系到活的人具有相对的话语权，负责与客户直接沟通，了解客户的具体需求，从而在工作中加以明确相应的分工、做好必要的注意，最终的劳动报酬也是由联系人负责与客户结算，再由其进行具体分配。但联系活的人也仅仅只是出面人、代表人，代表一个相对固定的小团体进行揽活，揽到活后，再根据劳动量的大小及客户要求，来召集其他空闲的同事共同来完成，被召集的人则有干与不干的自行选择权，联系人在找活、干活、结账等整个过程中仅仅起到了一种桥梁纽带的连接作用，而且劳动报酬也只是按照提供劳动工具、运输车辆、联系人、劳动量等因素按照每个人具体付出的多少来进行分配，并不存在安排干活与劳动报酬的分配就是联系人说了算的问题，这些都需要遵循行业内约定俗成的相应惯例。像本案中事发前后的拆装空调业务，虽然该业务均系被告王立国联系，但由于第三人杜长江提供相关劳动工具、材料等，按照惯例，其与被告王立国在当天所获劳动报酬则相当，并不存在被告王立国多分及说了算的问题。鉴于三人所从事行业需多人合作完成的必要性的特征，被告王立国与王宏亮、第三人杜长江之间并不存在相互提供劳务及雇佣关系问题，其实质应为一种松散的临时性合伙关系。其次，退一步讲，即便被告王立国与受害人王宏亮之间形成雇佣关系，根据《最高人民法院关于审理人身损害赔偿案件适用法律若干问题的解释》第十一条第一款“雇员在从事雇佣活动中遭受人身损害，雇主应当承担赔偿责任。雇佣关系以外的第三人造成雇员人身损害的，赔偿权利人可以请求第三人承担赔偿责任，也可以请求雇主承担赔偿责任。雇主承担赔偿责任后，可以向第三人追偿”的规定，该款涉及的实体问题是不真正连带之债，即受害人在执行职务中受到雇佣关系以外的第三人侵害，既可以直接向第三人请求赔偿损失，也可以请求雇主按照雇主责任的规定承担赔偿责任，两者责任的原因一是基于侵权，二是基于雇佣关系，虽发生原因不同，但给付对象、给付内容一致。按照不真正连带之债的原理，其中一个责任人承担责任后，受害人的请求权获得满足，实体权利已经得到保护，受害人不能就同一损害向另一责任人再行主张权利，即不能获得双重赔偿。本案中，第三人杜长江作为本案事故的责任人，原告与其就该事故已达成赔偿调解协议，双方约定就事故赔偿事宜一次性处理完毕，以后双方互不追究责任，且第三人已就该协议履行完毕。原告与第三人达成的一次性处理调解意见，虽然赔偿的实际数额没有达到法定标准，但系原告自身对侵权人索赔权利的自愿放弃，因此，原告不能就同一损害事实对另一责任人即被告王立国再行主张权利。

综上，受害人王宏亮与被告王立国之间并未形成雇佣关系，原告在就赔偿事宜与第三人杜长江已按相应程序达成一次性处理调解协议并履行完毕的情况下，再要求被告王立国承担赔偿责任，于法无据，故对其诉讼请求，本院不予支持。

山东省淄博市临淄区人民法院依据《中华人民共和国侵权责任法》第三十五条，《最高人民法院关于审理人身损害赔偿案件适用法律若干问题的解释》第九条第二款、第十一条第一款及有关法律之规定，作出如下判决：

驳回原告石庆芬、王震、王德友、夏瑞芝的诉讼请求。

石庆芬、王震、王德友、夏瑞芝持原审意见提起上诉。二审审理过程中，四上诉人于 2014 年 3 月 19 日向二审法院申请撤回上诉。山东省淄博市中级人民法院经审查认为，四上诉人自愿申请撤回上诉，符合法律规定。依据《中华人民共和国民事诉讼法》第一百六十九条、第一百七十三条、第一百七十五条之规定，作出如下裁定：

准许上诉人石庆芬、王震、王德友、夏瑞芝撤回上诉，各方当事人均按照原审判决执行。

【法官后语】

雇佣关系一般是指受雇人利用雇佣人提供的条件，在雇佣人的指导、监督下，以自身的技能为雇佣人提供劳动，并由雇佣人支付劳动报酬的法律关系。实践中，判断当事人之间是否存在雇佣关系，首先看双方是否有书面或口头雇佣合同，劳动力与报酬是否成为交易对价；其次看双方的权利义务是否为一方提供劳务，另一方支付报酬；再次看雇工是否受雇佣人的指挥或控制，即是否存在隶属关系。判断雇佣与承揽主要从以下五方面进行审查：1. 当事人之间是否存在控制、支配和从属关系；2. 是否由一方指定工作场所、提供劳动工具或设备、限定工作时间；3. 是定期给付劳动报酬还是一次性结算劳动报酬；4. 是继续性提供劳务还是一次性提供劳动成果；5. 当事人一方提供的劳动是其独立的业务或者经营活动还是构成相对方的业务和经营活动的组成部分。

本案中，受害人王宏亮与被告王立国及第三人杜长江从事的拆、装空调及搬家等工作，需要多人协作共同来完成，单个主体相对来说无法独立胜任，三人之间不存在指挥与被指挥，控制、支配和从属关系；从收入分配来看，劳动报酬也只是按照提供劳动工具、运输车辆、联系人、劳动量等因素按照每个人具体付出的多少来进行分配，并不存在安排干活与劳动报酬的分配就是联系人说了算的问题。本案中事发前后的空调业务虽均系被告王立国联系，但由于第三人杜长江提供相关劳动工具、材料等，按照惯例，其与被告王立国在当天所获劳动报酬则相当，并不存在被告王立国多分及说了算的问题，故受害人王宏亮与被告王立国之间并非雇佣关系。

个人合伙是指两个以上的公民按照协议，各自提供资金、实物、技术等，合伙经营、共同劳动，共负盈亏的民事主体，其意义在于共享收益、共担风险。合伙的设立基础是合伙协议，合伙协议一般应是书面合伙协议，但若具备合伙的其他条件，又有两个以上无利害关系人证明有口头合伙协议的，可以认定为合伙关系；物质基础是合伙人的共同出资并形成合伙财产；经营活动由合伙人共同决定；盈余分配由合伙协议确定或按照合伙人的另行约定处理；对外债务由合伙人按照出资比例或者协议的约定以各自的财产承担清偿责任，各合伙人对合伙的债务承担连带责任。

本案中，受害人王宏亮、被告王立国及第三人杜长江根据自愿和自由的原则，自行组成小队，通过相互配合共同完成拆装空调及搬家等工作，相对平均分配劳动报酬，三人之间是平等协作的关系。因此，本案拆装空调施工中，三人应是以王立国牵头形成的松散性质的合伙关系。根据民事当事人意思自治和不告不理原则，原告选择雇佣法律关系对王立国起诉是其对自己权利的处分，当然也要承担诉因选择不当的法律后果。

编写人：山东省淄博市临淄区人民法院　刘海红

5

个人接活后邀请他人完成属于雇佣关系还是合伙关系

——雷衍其诉雷三仔等提供劳务者受害案

【案件基本信息】

1. 裁判书字号

湖南省郴州市中级人民法院（2014）郴民一终字第647号民事判决书

2. 案由：提供劳务者受害责任纠纷

3. 当事人

原告（被上诉人）：雷衍其

被告（上诉人）：雷三仔

被告（被上诉人）：邓昌茂、肖新文

【基本案情】

2013年5月6日，肖新文将嘉禾县肖家镇肖家砖厂烘干房的倒板事宜以每平方42元的价格发包给被告邓昌茂。此后，邓昌茂与雷三仔联系，双方约定，整体倒板工程，以2300元的价格转包给雷三仔，由雷三仔负责完成。2013年7月3日，被告雷三仔便召集雷衍其等十余人到砖厂倒板。倒板的机械设备及工具由雷三仔提供，用于吊水泥浆等建材的“爬竿吊”架子为邓昌茂所打。在倒板过程中，由于“爬竿吊”垮塌，致使雷衍其从施工的屋面上坠落到地面，造成伤害。在倒板时肖新文曾因架子晃动不稳没打好一事提出过意见，但倒板的人没有听。雷衍其受伤后，被送至嘉禾县人民医院治疗，经诊断伤情为：腰椎L3椎体压缩性骨折。经骨折复位、内固定术后，住院27天，共花医疗费29935.3元。目前用于内固定的钢板未取出。雷衍其的伤经鉴定构成八级伤残，后续医疗费经鉴定为7500元。

倒板完工后，雷三仔结算了倒板的工程款并计付了当天参与倒板人员的工资。参与倒板的人对本次倒板的具体价格、结算等并不知情。嘉禾县肖家镇肖家砖厂的组织形式为个体工商户，经营者是肖新文。雷三仔、邓昌茂在雷衍其受伤后分别已支付雷衍其8000元和8329.1元。此后，雷衍其向雷三仔、邓昌茂追索医药费等费用，雷三仔以雷衍其、雷三仔一起都是接受建筑老板邓昌茂的雇请，为建筑老板邓昌茂倒水泥板，雷衍其与雷三仔之间不存在雇佣关系为由不予赔偿。

【案件焦点】

雷衍其与雷三仔之间是雇佣关系还是合伙关系。

【法院裁判要旨】

湖南省嘉禾县人民法院经审理认为：本案诉争的焦点问题是：在本案中雷衍其与雷三仔之间是雇佣关系还是合伙关系。雇佣关系一般是指雇员利用雇主提供的条件，在雇主的指导、监督下，以自身的技能为雇主提供劳动，并由雇主支付劳动报酬的法律关系。个人合伙是指两个以上的公民按照协议，各自提供资金、实物、技术等，合伙经营、共同劳动，共负盈亏的民事法律关系，合伙一般是为了生产经营组成的较为固定的组织。在本案中，虽然雷三仔认为自己并未从中谋利，并且自己也与雷衍其等人共同劳动，各人工资是按倒板平方数平均计算的，其与其他参与倒板的人是合伙关系。但从查明的事实来看，雷衍其等人没有共同出资购置倒板的机械设备及工具等，他们之间也没有合伙协议，只是为了给邓昌茂倒板而由雷三仔召集在一起做事的。倒板的联系和具体价格是由被告雷三仔商妥，参与倒板的人是由被告雷三仔决定并召集，倒板的机械设备及工具是由雷三仔提供，倒板的结算和工资的计付均是由雷三仔操持。邓昌茂把倒板之事交给雷三仔，雷三仔又组织雷衍其等人进行施工，雷衍其只是单纯提供劳务，可以认定雷衍其和雷三仔之间不是合伙关系，而是雇佣关系。提供劳务一方因劳务自己受到损害的，应根据双方各自的过错承担相应的责任。雷衍其在架子晃动不稳的情况下，仍继续施工，自身疏于防范，亦应承担20%的责任。由于邓昌茂打的架子垮塌而造成雷衍其受伤，邓昌茂应承担30%。雷三仔是本案雷衍其的雇主，就本案雷衍其的损失，应承担50%的责任。根据建设部《关于加强村镇建设工程质量安全管理的若干意见》［建质（2004）第216号］的规定，农村自建两层以下楼房的建设，施工方是不需要取得相应资质的，因肖新文所发包的烘干房为两层以下建筑，作为施工方的邓昌茂、雷三仔无需取得相应资质，故肖新文不存在选任上的过失，依法不承担责任。

湖南省嘉禾县人民法院根据《中华人民共和国侵权责任法》第七条、第十六条、第三十五条，《最高人民法院关于审理人身损害赔偿案件适用法律若干问题的解释》第十条、第十七条、第十八条、第十九条、第二十条、第二十一条、第二十二条、第二十三条、第二十四条、第二十五条，《最高人民法院关于确定民事侵权精神损害赔偿责任若干问题的解释》第八条，《中华人民共和国民事诉讼法》第一百四十二条、第一百四十四条之规定，作出如下判决：

一、由被告雷三仔赔偿原告雷衍其39993.61元，由被告邓昌茂赔偿原告雷衍其20467.06元，余款19197.44元由原告自负。

二、驳回原告雷衍其的其他诉讼请求。

雷三仔以雷衍其同其他施工人员一样获取相应的报酬，并没有赚取额外利润，雷三仔与雷衍其之间既不是合伙关系也不是雇佣关系，雷衍其的受伤是因为邓昌茂打的爬杆吊架不稳，再加上雷衍其本人安全意识不高造成的，肖新文又是受益人，本案的责任应该由雷衍其、邓昌茂、肖新文共同负担为由提起上诉。湖南省郴州市中级人民法院经审理认为：本案争议的焦点系：一、雷三仔与雷衍其之间构成何种法律关系。雇佣关系，是指雇员利用雇主提供的设备工具，从事雇主授权或指示范围内的生产经营活动或其他劳务活动，雇主接受雇员提供的劳务并按约定给付报酬的权利义务关系。本案中，雷三仔以3200元承包邓昌茂转包的工程后，召集雷衍其等人进行施工，雷衍其等人利用雷三仔提供的机械设备进行施工，工程完工后，雷三仔支付施工人员工资1600元。因此雷三仔与雷衍其之间符合雇佣关系法律特征。雷三仔上诉称其未获取额外利润与本院查明的事实不符；二、一审责任划分比例是否恰当。《中华人民共和国侵权责任法》第三十五条规定，提供劳务一方因劳务受到损害的。根据双方各自的过错承担相应的责任。第二十六条规定："被侵权人对损害的发生也有过错的，可以减轻侵权人的责任。"雷三仔作为雇主，在雷衍其只有一半过错的情况下，一审判决雷三仔承担50%责任，并无不当。肖新文作为发包人，由于所发包的工程为两层以下建筑，建设方无需相应资质，故肖新文不存在选任过失。原审法院认定事实清楚，适用法律正确。

湖南省郴州市中级人民法院依照《中华人民共和国民事诉讼法》第一百七十条第一款第（一）项之规定，作出驳回上诉，维持原判的终审判决。

【法官后语】

本案处理重点主要在于对雇佣关系与合伙关系的理解。雇佣关系是指受雇人利用雇佣人提供的条件，在雇佣人的指导、监督下，以自身的技能为雇佣人提供劳动，并由雇佣人支付劳动报酬的法律关系。判断雇佣关系是否存在，首先要看双方的权利义务是否为一方提供劳务，另一方支付报酬。其次要看雇员是否受雇主控制、指挥和监督，即是否存在隶属关系。

从合伙关系来看。我国目前存在着两种合伙法律关系，一为商事合伙，主要是合伙企业，另一种是民事个人合伙，民事个人合伙较为松散，合伙人之间一般为临时性的合伙关系，无须履行登记手续，民事个人合伙由合伙人间达成口头或书面合伙协议即成立。个人合伙的核心在于共享收益、共担风险。其法律特征体现为：第一，个人合伙是两个以上公民共同组成的、对外具有独立资格的民事主体，对外独立承担债务，各合伙人承担连带责任；第二，个人合伙的基础是合伙协议，可以是书面协议，也可以是口头协议，但口头协议应当在具备其他合伙条件的前提下，有两个以上无利害关系人证明；第三，合伙人共同出资、共同经营；第四，盈余分配可以由合伙协议约定，也可由合伙人另行约定。而雇佣关系是指受雇人在一定的时空内，在雇佣人的指导、监督下，以自身的劳动完成雇佣人指定的工作任务，并由雇佣人支付劳动报酬。可以看出，雇佣关系与合伙关系显著区别在于：第一，雇员在提供劳务的过程中，必须接受雇佣人的监督、指示；第二，雇佣人应当按约定支付劳动报酬给雇员，且雇员不分担风险。

就本案而言，雷三仔以3200元承包邓昌茂转包的工程后，召集雷衍其等人进行施工，雷衍其等人利用雷三仔提供的机械设备进行施工，工程完工后，雷三仔支付施工人员工资1600元，雷三仔实际在此次工程承包过程中赚取了利润。因此雷三仔与雷衍其之间符合雇佣关系法律特征。

编写人：湖南省郴州市嘉禾县人民法院　文俊

6

雇佣关系中的人身损害行为是否应该得到赔偿

——汪兴福诉胡辅明提供劳务者受害责任案

【案件基本信息】

1. 裁判书字号

云南省文山壮族苗族自治州马关县人民法院（2014）马八民初字第118号民事判决书

2. 案由：提供劳务者受害责任纠纷

3. 当事人

原告：汪兴福

被告：胡辅明

【基本案情】

2014年3月1日，胡辅明以200元一天雇请汪兴福到八寨镇那古博村小组为其采伐杉木，在采伐过程中，由于地滑，杂树较多，汪兴福跌倒受伤，汪兴福的伤经文山州人民医院司法鉴定所鉴定为十级伤残，需后续治疗费12000元，支付鉴定费1200元。出院后汪兴福找胡辅明协商赔偿，胡辅明拒绝赔偿，为维护汪兴福的合法权益，特向法院提起诉讼，要求胡辅明赔偿汪兴福医疗费61元、后续治疗费12000元、误工费600元（30元×20天）、护理费600元（30元×20天）、住院伙食补助费2000元（100元×20天）、残疾赔偿金12282元（6141元×20年×10%）、鉴定费 1200 元、交通费 120 元，共计 28863 元。胡辅明主张与汪兴福没有劳务关系，是汪兴福主动打电话给胡辅明找活做的，汪兴福就主动提着他的油锯在那里帮胡辅明锯树。本来在泥沙卡的树胡辅明是安排其他人锯的，汪兴福锯了十多节树就滑倒了，胡辅明错在没有及时制止。汪兴福的医疗费是胡辅明叫王兴富带钱去结算的，胡辅明为汪兴福垫付的医疗费是汪兴福向胡辅明借的，胡辅明要求汪兴福退还。

汪兴福提出了马关县人民医院医疗费收据 1 张、新农合医疗费报审单 1 张等 5 份证据，胡辅明对所有证据都无异议，认为该医疗费用与其无关。

【案件焦点】

1. 原告与被告是否形成了劳务关系；2. 被告对原告的经济损失是否承担赔偿责任。

【法院裁判要旨】

云南省马关县人民法院经审理认为：原告与被告双方口头约定由原告为被告采伐被告购买的位于八寨镇那古博村委会泥沙卡李子林的杉树，原告带着油锯跟被告到泥沙卡李子林看树，双方的目的很明确，原告是有偿提供劳务帮助被告锯树，无论是原告说的 200 元一天还是被告说的锯一节树 1 元或者是每个立方 40 元，到八寨镇那古博村泥沙卡时，原告为被告锯树，提供了劳务，被告当时也在现场，并接受了原告提供的劳务，双方形成了事实上的雇佣关系。《中华人民共和国侵权责任法》第三十五条规定，个人之间形成劳务关系，提供劳务一方因劳务自己受到损害的，根据双方各自的过错承担相应的责任。《最高人民法院关于审理人身损害赔偿案件适用法律若干问题的解释》第十一条规定，雇员在从事雇佣活动中遭受人身损害，雇主应当承担赔偿责任。本案中原告是成年人，有完全民事行为能力，在从事劳务活动中有注意自身安全的义务，因其没有注意导致损害的发生应承担一定的过错责任，即 30% 的过错责任。被告胡辅明作为雇主，应采取安全保护措施，因没有相应的安全措施，故对原告的受伤存在过错，应承担主要责任，即 70% 的过错责任。原告所受到的合理损失为：1. 医疗费 5172.62 元（被告支付马关县医院的 4511.62 元 + 原告支付的 61 元 + 被告支付的草药费 600 元）；2. 后续治疗费 12000 元；3. 误工费 600 元（30 元 ×20 天）；4. 护理费 600 元（30 元 ×20 天）；5. 住院伙食补助费 2000 元（100 元 ×20 天）；6. 残疾赔偿金 12282 元（6141 元 ×20 年 ×

10%）；7. 鉴定费 1200 元；共计 33854. 62 元。交通费 120 元原告未提供相应的票据，本院不予认定。据此，依照《中华人民共和国侵权责任法》第六条、第十六条、第二十六条、第三十五条，《最高人民法院关于审理人身损害赔偿案件适用法律若干问题的解释》第十一条、第十七条、第十九条、第二十条、第二十一条、第二十三条、第二十五条的规定，判决如下：

一、由被告胡辅明赔偿原告汪兴福经济损失 33854. 62 元的 70%，即：23698. 23 元，扣除被告胡辅明已垫付的医疗费 5111. 62 元和现金 500 元，被告胡辅明还应支付原告汪兴福 18086. 61 元。限本判决生效后五日内支付。

二、驳回原告汪兴福的其余诉讼请求。

【法官后语】

本案的处理重点主要在对提供劳务关系概念的理解。我国在《侵权责任法》第六条、第十六条、第二十六条、第三十五条，《最高人民法院关于审理人身损害赔偿案件适用法律若干问题的解释》第十一条、第十七条、第十九条、第二十条、第二十一条、第二十三条、第二十五条作出了明确规定。

雇佣关系是雇佣法律关系的简称，是以生产资料和劳动力私有为基础而形成的一种劳动关系，是指受雇人利用雇佣人提供的条件，在雇佣人的指导、监督下，以自身的技能为雇佣人提供劳动，并由雇佣人支付劳动报酬的法律关系。雇佣人称为雇主，受雇人称为雇员。判断雇佣关系是否存在，应从形式要件和实质要件两方面考虑：从形式要件上看双方有无订立雇佣合同或口头雇佣协议；从实质要件上，首先要看双方的权力义务是否为一方提供劳务，另一方支付报酬。其次要看雇员是否受雇主控制、指挥和监督，即是否存在隶属关系。雇员受雇主控制是雇佣关系存在的基础。在雇佣法律关系中，雇员仅是雇主雇佣来完成某项工作的人，雇员在工作时应听命于雇主，服从雇主的监督指导。三是看雇员是否为雇主或其委托的人所选任。只要具备上述形式要件和实质要件，即可认定为雇佣关系。

编写人：云南省文山壮族苗族自治州马关县人民法院　靳洪硕

7

雇佣关系的认定与雇主责任的承担

——杨二虎诉韩金山、付合义提供劳务者受害责任案

【案件基本信息】

1. 裁判书字号

河北省石家庄市中级人民法院（2014）石民一终字第01367号民事判决书

2. 案由：提供劳务者受害责任纠纷

3. 当事人

原告（被上诉人）：杨二虎

被告（被上诉人）：韩金山

被告（上诉人）：付合义

【基本案情】

被告付合义承建灵寿县北关小区两栋楼的建设工程（含9号楼），王建文与被告韩金山分别受雇于被告付合义并分别担任该工程把式组组长和小工组组长。原告杨二虎在9号楼施工中当小工，2013年7月12日原告在北关小区9号楼用砖夹夹砖时被砖跺上掉下来的砖砸伤脚。原告受伤后借工友30元钱到灵寿县中医院进行了简单的包扎后回家。因伤情未愈，原告于2013年7月19日到灵寿县医院再次进行治疗，之后原告又多次到灵寿县医院、河北医科大学第三医院进行门诊治疗。原告受伤后，多次找被告韩金山协商赔偿事宜未果故诉至法院。河北盛唐司法鉴定中心对原告的伤进行鉴定，鉴定意见为：被鉴定人杨二虎构成十级伤残。韩金山称被告和原告均属雇工，不应承担赔偿责任。被告付合义称原告受伤几个月后被告才知道，工地管理人员亦不知原告受伤之事，原告起诉被告没有道理。

【案件焦点】

原告杨二虎与被告韩金山是否形成雇佣关系。

【法院裁判要旨】

河北省灵寿县人民法院经审理认为：被告付合义为北关小区工程承包人，王建文与被告韩金山均受雇于被告付合义为其进行内部管理工作（如：记录工人出工情况），工人工资由被告付合义支付，被告付合义将工人工资转交王建文，再由王建文转交被告韩金山，由韩金山直接给工人发放，被告韩金山未从中获取利润。本院认为，事故发生时，被告韩金山不是该工程的承包人或承揽人，其与原告无雇佣关系，且在本案中无过错，故不承担责任。被告付合义是北关小区 9 号楼工程的承建者，原告杨二虎的工资亦由其支付，王建文及被告韩金山均受雇于被告付合义并代付合义对工人进行指示、监督工作，其与原告均属于利用被告付合义提供的条件，为其提供劳务并由其支付报酬。据此，被告付合义与原告韩金山已形成雇佣关系。依据《最高人民法院关于审理人身损害赔偿案件若干问题的解释》第十一条第一款“雇员在从事雇佣活动中遭受人身损害，雇主应当承担赔偿责任”的规定，原告杨二虎因伤所遭受的损失，被告付合义应当承担赔偿责任。

灵寿县人民法院依照《最高人民法院关于审理人身损害赔偿案件若干问题的解释》第十一条第一款、第十八条、第十九条、第二十条、第二十二条、第二十五条之规定，作出如下判决：

一、被告付合义于本判决生效后十五日内赔偿原告杨二虎医疗费、误工费、残疾赔偿金、交通费、精神抚慰金、鉴定费等共计 30817.17 元。

二、驳回原告杨二虎对被告韩金山的诉讼请求。

被告付合义对原审不服提出上诉，石家庄市中级人民法院经审理认为：本院认为，事故发生时，被告韩金山不是该工程的承包人或承揽人，其与原告无雇佣关系，且在本案中无过错，故不承担责任。被告付合义是北关小区 9 号楼工程的承建者，原告杨二虎的工资亦由其支付，王建文及被告韩金山均受雇于被告付合义并代付合义对工人进行指示、监督工作，其与原告均属于利用被告付合义提供的条件，为其提供劳务并由其支付报酬。据此，被告付合义与原告杨二虎已形成雇佣关系。依据《最高人民法院关于审理人身损害赔偿案件若干问题的解释》第十一条第一款“雇员在从事雇佣活动中遭受人身损害，雇主应当承担赔偿责任”的规定，原告杨二虎因伤所遭受的损失，被告付合义应当承担赔偿责任。

石家庄市中级人民法院作出（2014）石民一终字第01367号民事判决：

驳回上诉，维持原判。

【法官后语】

本案处理重点主要在于对雇佣主体与雇佣关系的认定及责任承担。

雇主与雇员之间具有特定的人身关系。雇员在受雇佣期间，其行为受雇主意志的支配和约束，在执行职务的过程中，雇员是按照雇主的意志实施行为。雇员对于工作如何安排没有自主权，雇主可以随时干预雇员的工作，雇员的劳动是一种从属性劳动。雇员只是提供劳务，工作场所、生产条件和设备原料均由雇主提供。雇员的活动只要足以表现为其职责范围内或是雇主在雇员的活动中受益，就应当认定为是雇佣活动。雇员所为行为是因雇主的意思表示，雇主为受益人，雇员所为行为实际上是雇主行为的延伸，其实为雇主所为。雇员受雇主的控制、支配和监督，即存在隶属关系。雇员提供劳务，雇主按照雇员的劳动量或劳动时间支付报酬是判定雇主主体的标准。对于雇主责任的归责原则存在不同的观点，本案中适用的是无过错责任原则，是为了保护受害人的利益，在该归责原则之下，雇主不享有证明自己对雇员的选任和管理已尽到了注意义务而免责的权利。这种责任不要求雇主有实际的过错，对雇主责任的成立不发生影响。

编写人：河北省石家庄市灵寿县人民法院　李静

8

提供劳务案件中如何认定双方存在雇佣关系以及责任承担

——肖建如诉四川省眉山龙威饲料厂提供劳务者受害责任案

【案件基本信息】

1. 裁判书字号

四川省眉山市东坡区人民法院（2014）眉东民初字第810号民事判决书

2. 案由：提供劳务者受害责任纠纷

3. 当事人

原告：肖建如

被告：四川省眉山龙威饲料厂（以下简称龙威饲料厂）

【基本案情】

原告肖建如诉称：2013年6月19日下午15时许，原告与另2名工友彭志明、王登银在被告处装卸饲料中，原告在搬运货物中不慎从货车上摔下受伤，后被被告管理人员送往眉山交通医院住院治疗42天，后好转出院。原告于2013年8月29日向东坡区劳动人事争议仲裁委员会申请仲裁确认事实劳动关系，后被裁决不符合劳动法规定，但在仲裁开庭审理中被告认可了原告受伤系为被告从事搬运造成，事后原告向眉山公信司法鉴定中心申请伤残鉴定为十级。原告认为其受伤系为被告提供劳务所造成，故被告应对原告的受伤承担赔偿责任。依据侵权责任法之规定，请求判令被告赔偿原告提供劳务受伤赔偿款合计人民币62102元［医疗费408元、伤残赔偿金40614元、误工费7920元（132天×60元/天）、护理费2520元（42天×60元/天）、后续治疗费5000元、交通费500元、鉴定费1300元、精神抚慰金3000元、住院伙食补助费840元］。

被告龙威饲料厂辩称，被告是经依法成立的个人独资企业，是具有合法用工资格的单位，不是《侵权责任法》第三十五条规定的“个人”。被告与原告之间也不存在劳务（雇佣）关系，被告不是适格的雇主。事发当天被告因装卸货物与彭志明建立了承揽定作关系，彭志明承揽装卸事务后，是与原告及王登银内部合伙完成承揽事务。装卸搬运货物是普通简单的体力劳动，无需特殊资质和资格。被告选任彭志明作为承揽人并无过失，按原告诉状诉称也是其“不慎摔伤”的，被告对其摔伤的发生并无过错行为。综上，被告不是《侵权责任法》第三十五条规定的适格的赔偿义务主体。2013年6月19日下午因临时装卸饲料事务，被告与彭志明建立临时承揽关系，原告是受承揽人彭志明邀约参与搬运饲料，与被告不存在法律上和事实上的劳动或劳务关系或其他法律关系。被告选任彭志明并无过失，对原告摔伤的发生也无过错，原告受伤后，被告出于人道主义自愿为原告支付了6000多元的医疗费，对原告已尽到了道义责任。原告的起诉缺乏合法的事实依据，也无法律依据，请求依法驳回原告的诉讼请求。

经审理查明，被告系个人独资企业，经营范围及方式为生产、销售饲料。原告系城镇居民，除农忙时在家务农外，空闲时间均在外从事搬运货物工作。2013年6月19日被告因装卸饲料，其厂生产技术管理人员李某荣与彭志明口头谈好装卸饲料价格10元/吨后，彭志明又联系原告与王登银一同为被告装卸饲料。当天下午15时许，原告扛着饲料上了跳板，站在车厢上甩饲料时，碰到了车子的栏杆，不慎从车上摔下受伤。李某荣于当日将原告送至眉山市交通医院住院治疗。初步诊断为左跟骨粉碎性骨折。眉山市交通医院入院记录载明：现病史：入院4小时前，患者在家中不慎从楼梯摔倒后，立感左足疼痛、肿胀、伴活动受限。于2013年8月1日好转出院，出院诊断：左跟骨骨折、左外踝皮瓣坏死。

2013年8月原告向眉山市东坡区劳动人事争议仲裁委员会申请仲裁，要求确认原、被告之间存在劳动关系。该仲裁委于2013年10月10日作出眉东劳人仲案字［2013］第90号仲裁裁决书，裁决：原、被告之间不存在劳动关系。双方在法定期限内均未向法院起诉。同年10月18日原告到眉山公信司法鉴定中心对其伤残等级及后续医费进行鉴定，该鉴定中心于2013年10月22日作出眉公信司鉴中心［2013］临鉴字第686号鉴定意见书，鉴定原告外伤致左骨粉碎性骨折内固定术后的伤残等级为十级。

【案件焦点】

1. 原告是否为被告所雇佣；2. 原告的受伤是否由被告承担责任。

【法院裁判要旨】

四川省眉山市东坡区人民法院经审理认为：本案争议的第一个焦点，原告是否为被告所雇佣。所谓从事雇佣活动是指从事雇主授权或者指示范围内的生产经营活动或者其他劳务活动。对雇佣关系特征的认定从以下几点判断：一是雇主与雇员之间存在控制支配和从属关系；二是雇员提供的劳动是雇主业务的组成部分，雇员所从事的活动能够为雇主带来利益；三是雇主要提供相应的劳动条件。本案中被告因装卸饲料，与彭志明建立承揽关系，彭志明通知原告一起参与装卸饲料，原告并不受被告的指挥、直接安排，其与被告之间无管理和被管理关系，与被告之间也无人身隶属关系。原告所得收入按其装卸饲料的吨位多劳多得，及时结付，并不按月领取，也不享有劳动创造的价值的再分配。原告是以自己从事搬运工作的知识技能开展工作，其自身应承担相应风险。所以，原告与被告之间不具备从事雇佣活动法律关系的特征。

本案争议的第二个焦点，原告的受伤是否由被告承担责任。根据《最高人民法院关于审理人身损害赔偿案件适用法律若干问题的解释》第十条“承揽人在完成工作过程中对第三人造成损害或者造成自身损害的，定作人不承担赔偿责任。但定作人对定作、指示或者选任有过失的，应当承担相应的赔偿责任”的规定，法律对定作人承担责任是一种过错责任。本案中被告因装卸饲料选任彭志明，彭志明是从事多年搬运工作的人员，有工作经验，且搬运饲料不属特殊行业，不需要取得相应的资质证，而原告也是从事搬运工作多年的人员，有这方面的技能和工作经验，被告在选任彭志明，彭志明在选任原告时并无过失，原告也未举证证明被告对定作、指示有过失，故原告的受伤，被告并无过失，不应承担相应的赔偿责任。

眉山市东坡区人民法院根据《最高人民法院关于审理人身损害赔偿案件适用法律若干问题的解释》第十条，《最高人民法院关于民事诉讼证据的若干规定》第二条之规定，作出如下判决：

驳回原告肖建如的诉讼请求。

宣判后，原告肖建如向四川省眉山市中级人民法院提出上诉。眉山市中级人民法院二审驳回上诉，维持原判。

【法官后语】

雇佣关系是指雇员按照雇主的指示，在约定的时间地点为雇主提供劳务，雇主按照约定支付报酬的权利义务关系。雇佣是以给付劳务本身为目的，并不要求以劳动成果的交付为目的。承揽关系是指定作人与承揽人约定，承揽人按照定作人的要求完成工作，交付工作成果，定作人给付报酬的民事法律关系。在我国法律中缺乏对雇佣和承揽的明确规定，因此对区分雇佣和承揽形成了很多方法。本案中从雇主与雇员之间是否存在控制支配和从属关系、雇员提供的劳动是否是雇主业务的组成部分、雇员所从事的活动是否能够为雇主带来利益、雇主是否要提供相应的劳动条件这几方面来判定，足以认定原被告之间不存在雇佣关系。关于原告受伤是否应该由被告承担责任，被告在选任彭志明，彭志明在选任原告时并无过失，原告也未举证证明被告对定作、指示有过失，故原告的受伤，被告并无过失，不应承担相应的赔偿责任。

编写人：四川省眉山市东坡区人民法院　王一龙

9

雇员受伤应该由谁承担责任

——张磊诉刘宴明提供劳务者受害责任案

【案件基本信息】

1. 裁判书字号

云南省昆明市嵩明县人民法院（2014）嵩民初字第731号民事判决书

2. 案由：提供劳务者受害责任纠纷

3. 当事人

原告：张磊

被告：刘宴明、重庆石兰贸易有限公司（以下简称石兰公司）

【基本案情】

2013年2月25日，原告张磊受雇于被告刘宴明开挖掘机，由被告刘宴明支付原告张磊工资，同年2月26日早上8时许，原告和被告刘宴明一起驾车到临沧市正康县凹子村石场的工地上，被告刘宴明安排原告协助被告石兰公司对石兰公司出售的挖掘机破碎锤进行维修，当原告和修理工在安装挖掘机前杠体时，双方用大锤紧固夹板螺丝过程中一铁屑飞入原告左眼内，造成原告左眼受伤。被告刘宴明得知后于当天将原告送往当地卫生所门诊医治7天后，因伤势严重，于2013年3月3日至同年7月9日期间，被告刘宴明将原告送入云南省第二人民医院几次住院治疗，前后共治疗29天，诊断为左眼视网膜脱落，并发白内障，后来好转出院。原告住院期间的医疗费等30000余元均由被告刘宴明垫付。2014年5月31日，原告的伤情经昆明法医院鉴定为五级伤残，后期治疗费评估为9000元，开支鉴定费2370

元。在2013年年底、2014年6月，原告向当地村委会要求调解，因为双方意见分歧较大未达成协议。2014年6月10日原告对其经济损失曾向法院提起诉讼，因为在规定的期限未缴诉讼费而法院按撤诉处理。2014年7月8日原告对其经济损失再次诉至本院，诉讼中，被告刘宴明对原告的伤残等级及后期治疗费申请重新鉴定，后经云南天禹司法鉴定中心鉴定为五级伤残，后期治疗费评估为9000元。

【案件焦点】

1. 本案是否已过诉讼时效；2. 张磊参与维修的行为是否属于雇佣行为；3. 石兰公司在本案中是否要承担张磊的赔偿责任。

【法院裁判要旨】

云南省嵩明县人民法院经审理认为：我国法律规定，侵害他人造成人身损害的应当赔偿医疗费、护理费、交通费等为治疗和康复支出的合理费用，以及因误工减少的收入。造成残疾的，还应当赔偿残疾生活辅助具费和残疾赔偿金。法律还规定，雇员在从事雇佣活动中遭受人身损害，雇主应当承担赔偿责任。雇佣关系以外第三人造成雇员人身损害的，赔偿权利人可以请求第三人承担赔偿责任，也可以请求雇主承担赔偿责任。雇主承担责任后，可以向第三人追偿。本案中，原告受雇于被告刘宴明从事挖掘机驾驶工作，在从事与该本职工作有关的修理工作中造成原告眼睛损伤，被告刘宴明作为雇主对该损害后果应该承担赔偿责任。诉讼中，原告主张医疗费93元、后期医疗费9000元、残疾赔偿金65004元（5417元/每年×20年×60%）、伙食补助费1450元（50元/每天×29天），鉴定费2370元、交通费213元，符合法律规定，本院予以确认；原告主张的误工费，本院根据原告无长期固定工作情况，按当地职工平均工资标准和算至定残前一天为误工天数酌情认定误工费为28928元（64元/每天×452天）；原告主张的护理费，本院根据原告医院治疗天数和当地职工平均工资标准认定为1856元（64元/每天×29天）；原告主张的精神抚慰金，根据“残疾赔偿金属于精神抚慰金范围”的法律规定，故本院对原告的该项请求不予支持；原告主张的被抚养人生活费已计入残疾赔偿金或死亡赔偿金进行赔偿；原告主张的营养费1350元，无相关证据证实，本院不予支持。诉讼中，被告刘宴明主张石兰公司应该对原告损害后果承担赔偿责任，因为被告刘宴明的主张与原告选择雇佣劳务法律关系赔偿不属同一法律关系，被告刘宴明对石兰公司可另案诉讼。为保护公民的身体健康权不受侵犯，根据《中华人民共和国侵权责任法》第十六条、第二十六条及《中华人民共和国民法通则》第一百一十九条及《最高人民法院关于审理人身损害赔偿案件适用法律若干问题的解释》第九条、第十一条、第十八条之规定，判决如下：

一、由被告刘宴明于本判决生效后十日内赔偿原告医疗费、误工费、护理费、残疾赔偿金、住院伙食补助费、交通费等共计人民币108914元。

二、驳回原告的其他诉讼请求。

【法官后语】

本案中，张磊受雇于刘宴明开挖掘机，修理工作本不属于其主要工作，但是根据《最高人民法院关于审理人身损害赔偿案件适用法律若干问题的解释》第九条第二款的规定，雇员的行为超出授权范围，但其表现形式是履行职务或者与履行职务有内在联系的，应当认定为“从事雇佣活动”。所以本案中，张磊的行为是属于从事雇佣行为，并且原告张磊也称其是受刘宴明指示参与修理机器，而被告石兰公司的修理工也要求其帮忙修理。所以张磊的损失就该由雇主刘宴明承担。

本案中2013年底与2014年6月张磊与刘宴明的纠纷已经经过村委会的调解，根据《最高法院关于贯彻执行〈中华人民共和国民法通则〉若干问题的意见（试行)》中第一百七十四条的规定，诉讼时效因权利人向调解委员会或有关单位提出保护民事权利的请求时中断，因此本案中，诉讼时效并没有过。

对于本案中石兰公司是否要承担责任的问题，牵涉到石兰公司与刘宴明之间的关系。石兰公司称刘宴明购买的挖掘机破碎锤已经超过保质期，其提供的仅是免费对破碎锤的故障原因及排除措施提出专业处理意见的咨询服务，所以其与刘宴明之间是无偿帮工关系。如果是无偿帮工关系，则依据法律规定无偿帮工造成第三人损失的，由被帮工人承担赔偿责任，所以最终也是由刘宴明承担，但是如果不是帮工关系，而是主合同（买卖合同）的从合同关系（售后服务）造成张磊受伤，则石兰公司便成了雇佣关系中造成雇员伤害的第三人，而根据法律的规定，雇员在从事雇佣活动中，受到雇佣关系以外的第三人的损害，雇员可以要求第三人赔偿，也可以要求雇主赔偿，雇主赔偿后可以向第三人追偿，本案中雇员张磊告的是雇主刘宴明，所以，张磊的损失应该由刘宴明承担。综上，无论从什么角度，张磊的损失都应该由刘宴明承担。而对于本案，石兰公司是否要承担责任应该由刘宴明另案起诉石兰公司，厘清他们之间的法律关系是属于无偿帮工还是买卖合同的从合同法律关系，与本案不是必要共同诉讼，本案不做处理。

本案由于法律关系复杂，在处理案件时着重厘清各组法律关系，正确理解适用最高人民法院的相关司法解释，准确认定了雇员从事与雇佣活动相关的工作，也属于从事雇佣活动，受到损害时应该由雇主承担责任。厘清各组法律关系，避免了劳动者在雇佣活动中受到损害后，赔偿义务人之间相互推诿导致其合法权益得不到保护的情形，对维护社会的和谐稳定起到了积极的作用。

编写人：云南省昆明市嵩明县人民法院　李霞

二、雇佣关系与承揽关系的区分

10

承揽关系存在的判断

——周瑜清、赵某某诉陈永寿等机动车交通事故责任案

【案件基本信息】

1. 裁判书字号

四川省眉山市青神县人民法院（2014）青神民初字第464号民事判决书

2. 案由：机动车交通事故责任纠纷

3. 当事人

原告：周瑜清、赵某某

被告：陈永寿、毛科、黄伟

【基本案情】

赵某建系原告周瑜清之子、原告赵某某（未成年人）之父，亦系眉山市世嘉商贸有限公司的员工。被告陈永寿与眉山市世嘉商贸有限公司于2013年12月18日签订砂石挖运合同，由陈永寿采集眉山市世嘉商贸有限公司获得的，位于青神县高台乡标段的砂石，并将采集的砂石堆放在眉山市世嘉商贸有限公司指定地点。该合同签订后，被告陈永寿又与被告毛科达成了砂石挖运的承揽合同，毛科即雇佣了无装载机操作证的黄伟在陈永寿承包的砂石场从事砂石挖运工作，以1.2元/方计算报酬。2014年3月14日15时20分许，黄伟驾驶装载机从砂石场驶上岷江河堤，行经岷江河堤事故地点时，未按操作规范安全驾驶与赵某建相接触，致赵某建受伤

经抢救无效死亡的交通事故，赵某建抢救过程中产生医疗费 9409 元。2014 年 3 月 26 日，青神县公安局交通警察大队作出青公交认字［2014］第 220 号道路交通事故认定书，认定黄伟承担事故全部责任。装载机操作证是驾驶装载机人员必备证件，但被告毛科无装载机操作证。被告陈永寿在知道被告毛科无装载机操作证的情况下，未提交证据证明其指示过毛科，应另行安排有装载机操作证的人驾驶该装载机。被告黄伟在陈永寿工地工作时，陈永寿认为其有装载机操作证而未进行核查。陈永寿称其系此次事故发生后，才知晓黄伟不具有装载机操作证。

【案件焦点】

1. 被告毛科与被告黄伟之间的关系；2. 被告陈永寿与被告毛科之间的关系；3. 被告陈永寿与被告黄伟之间的关系；4. 原告周瑜清是否属于被扶养人；5. 本案是否属于道路交通事故。

【法院裁判要旨】

四川省眉山市青神县人民法院经审理认为：本案中，被告毛科雇佣被告黄伟从事砂石挖运工作，被告黄伟在从事雇佣活动中与赵某建发生交通事故并致赵某建死亡，对赵某建因此次事故死亡造成的损失应由被告毛科负责赔偿。因被告黄伟在无操作证的情况下驾驶装载机，存在重大过失，故其应与被告毛科承担连带赔偿责任。被告陈永寿作为定作人，在知道毛科无装载机操作证的情况下，未提交证据证明其指示过毛科，应另行安排有装载机操作证的人驾驶该装载机，且对毛科雇佣的黄伟是否具有装载机操作证怠于审查，存在指示和选任过失，根据《最高人民法院关于审理人身损害赔偿案件适用法律若干问题的解释》第十条之规定，陈永寿应依法承担与其过错相当的赔偿责任。据此，本院确定由陈永寿对原告的损失承担 20% 的赔偿责任。因法庭辩论终结前上一年度职工平均工资为 35873 元，故丧葬费依法应为 17936.5 元，现原告请求的丧葬费 18962 元过高，应予调整；原告周瑜清请求的被扶养人生活费本院不予支持。赵某建因事故死亡，对二原告造成精神损害，二原告要求被告赔偿精神抚慰金符合法律规定，但其请求金额过高，根据本地生活水平，本院酌定为精神抚慰金 30000 元。

依照《中华人民共和国侵权责任法》第六条、第七条、第三十五条，《最高人民法院关于审理人身损害赔偿案件适用法律若干问题的解释》第九条、第十条、第十七条、第十八条、第十九条、第二十七条、第二十八条、第二十九条，《最高人民法院关于确定民事侵权损害赔偿责任若干问题的解释》第一条、第十条及《最高人民法院民事诉讼证据的若干规定》第六十四条、第七十四条之规定，判决如下：

一、在判决生效后十日内，由被告毛科、黄伟连带赔偿给原告周瑜清、赵某某医疗费、死亡赔偿金、被扶养人生活费、丧葬费、精神损害抚慰金等损失共计418948.4元；

二、在判决生效后十日内，由被告陈永寿赔偿给原告周瑜清、赵某某医疗费、死亡赔偿金、被扶养人生活费、丧葬费、精神损害抚慰金等损失共计104737.1元；

三、驳回原告周瑜清、赵某某的其他诉讼请求。

【法官后语】

本案诉讼中，被告毛科、黄伟称被告陈永寿租用毛科的装载机并雇请黄伟驾驶装载机，但在2014年3月19日交警部门对黄伟的讯问笔录第三页第14行中，黄伟明确回答“装载机是毛科的，我是经人介绍帮他开装载机的……”。2014年4月2日，黄伟在本院财产保全笔录中的回答“毛科请我开车的”。该笔录中的回答系本案诉讼过程中，被告黄伟在陈述中承认的对已方不利的事实，现黄伟虽反悔并予以否认，称其系受雇于被告陈永寿，但黄伟无相反的证据足以推翻，故根据《最高人民法院关于民事诉讼证据的若干规定》第七十四条之规定，本院确认被告黄伟系与被告毛科形成了雇佣关系，其中，毛科系雇主，黄伟系雇员。

证人韦某某、罗某某、李某某均是装载机的驾驶员，且在陈永寿承包的砂石场从事砂石挖运工作，三人证实其装载机在完成工作过程中无须接受陈永寿的监督、指导、指挥、干涉，在完成工作中具有独立性，并以1.2元/方计算报酬，符合承揽合同的形式要件和实质要件。现被告毛科以自有的装载机在陈永寿承包的同一砂石场从事相同的砂石挖运工作，且同样是以1.2元/方计算报酬的情况下，二原告及被告毛科、黄伟均无证据证明陈永寿与毛科之间系装载机租用合同关系，故全面审核本案证据后，法院确认陈永寿与毛科之间系建立了砂石挖运的承揽合同关系，其中，被告陈永寿系定作人，被告毛科系承揽人。陈永寿与毛科系承揽合同关系、毛科与黄伟系雇佣关系，陈永寿与黄伟在本案中不存在雇佣关系。

本案事故发生在岷江河堤，岷江河堤虽不是公路，但可供车辆、行人通行，青神县公安局交通警察大队于2014年3月26日作出的青公交认字［2014］第220号道路交通事故认定书并无不当，应作为交通事故案件处理。

编写人：四川省眉山市青神县人民法院　豆霞

11

关于承揽关系与雇佣关系的认定

——黄永丽等诉梁秋雁、苏安远提供劳务者受害责任案

【案件基本信息】

1. 裁判书字号

广西壮族自治区钦州市灵山县人民法院（2014）灵民初字第1951号民事判决书

2. 案由：提供劳务者受害责任纠纷

3. 当事人

原告：黄永丽、莫沉昌、莫静昌

被告：梁秋雁、苏安远

【基本案情】

2014年8月26日早上，被告梁秋雁打电话给受害人莫其练，说起承包的水库需要人做工，莫其练接电话后便约工友陆容水一起到被告承包的水库做工。随后莫其练在网箱上洗手的时候突然触电，经医生抢救无效死亡。因而原告诉至请求法院判令：一、两被告共同赔偿原告各项经济损失468309.54元；二、两被告共同赔偿精神抚慰金40000元给原告；三、本案案件受理费由两被告共同承担。

被告梁秋雁、苏安远认为：一、被告梁秋雁与受害人莫其练建立的是承揽关系而不是雇佣关系；二、受害人莫其练触电死亡完全是其自身原因造成的，应当自负后果，与被告无关。受害人莫其练具有电焊资格，承揽焊接网箱的工程，在施工过程中擅自用电电鱼导致其触电身亡，其应自负后果。

主要证据有：广西陆屋欧亚糖业有限公司出具的《证明》1份，证明受害人莫其练原是陆屋欧亚糖业有限公司电焊工，有从事电焊工作资格；《收据》1份，证明原告黄永丽收取电焊工程款10000元，受害人莫其练与被告梁秋雁形成承揽关系。

【案件焦点】

受害人为被告提供劳务是基于承揽关系还是雇佣关系。

【法院裁判要旨】

广西壮族自治区钦州市灵山县人民法院经审理认为：被告梁秋雁为了提高养殖效率，在其承包的鱼塘上搭建网箱，随即找到受害人莫其练协商定制网箱。……根据《中华人民共和国合同法》第二百五十一条、第二百五十三条第一款的规定，结合具体案情，本院认定受害人莫其练与被告梁秋雁之间的口头约定构成承揽合同，受害人莫其练是承揽人，而被告梁秋雁是定作人，双方构成承揽关系。

因受害人触电死亡而引起的赔偿责任问题，根据《最高人民法院关于审理人身损害赔偿案件适用法律若干问题的解释》第十条以及《中华人民共和国民法通则》第一百零六条第二款的规定，本院认为被告梁秋雁在选任、指示受害人莫其练完成工作的过程中存在过失，也没有尽到安全义务，同样应负相应的次要责任。综合本案的实际情况，本院认为受害人对其自身触电死亡自负75%的责任，而被告梁秋雁负25%的赔偿责任为宜。

灵山县人民法院判决如下：

一、被告梁秋雁、苏安远赔偿原告黄永丽、莫静昌、莫沉昌各项经济损失101854.5元；

二、驳回原告黄永丽、莫静昌、莫沉昌的其他诉讼请求。

【法官后语】

本案处理的重点在于如何区分承揽关系和雇佣关系。根据《合同法》第二百五十一条“承揽合同是承揽人按照定作人的要求完成工作，交付工作成果，定作人给付报酬的合同。承揽包括加工、定作、修理、复制、测试、检查等工作”，第二百五十三条第一款“承揽人应当以自己的设备、技术和劳力，完成主要工作，但当事人另有约定的除外”的规定，结合本案的具体案情，在整个施工过程中受害人莫其练均是分别和谢某卫、陆某水一起两人工作，并无证据证明受害人莫其练有单独施工或与谢某卫、陆某水之外的其他人一起施工的情形，因此本院认定受害人莫其练一共陆续施工了21天，因此剩下的6850元款项应该是受害人莫其练获得的工程款，而不应是工钱，受害人莫其练与谢某卫、陆某水工钱标准差距过大，充分说明了受害人莫其练与谢某卫、陆某水处于不同的工作地位，因此本院认定受害人莫其练与被告梁秋雁之间的口头约定构成承揽合同，受害人莫其练是承揽人，而被告梁秋雁是定作人，双方构成承揽关系。

编写人：广西壮族自治区钦州市灵山县人民法院　廖俊霖

12

承揽合同与雇佣合同的法律区分新视角

——肖中成诉北京平泰君安科技发展有限公司提供劳务者受害责任案

【案件基本信息】

1. 裁判书字号

北京市顺义区人民法院（2014）顺民初字第7343号民事判决书

2. 案由：提供劳务者受害责任纠纷

3. 当事人

原告：肖中成

被告：北京平泰君安科技发展有限公司

【基本案情】

原告肖中成自2011年携带木工工具开始为被告工作，主要从事制作木箱木托，没有木箱木托要制作的时候去被告车间干活，平时吃住在被告处，工资按月持续发放，双方口头约定工资按天结算。2013年以后双方改为以木箱制作数量和去车间干活天数两种方式结算报酬。2013年12月22日，原告在被告处加工木材时手指被电刨子割伤，随后被送至京东中美医院治疗，其伤情被诊断为左手中指、环指远节离断伤。原告在该院共住院3天，为此支出医疗费2671.13元。

庭审中，原告认为双方存在劳务雇佣关系，并提交暂住证、银行对账单、活期存折明细、劳动人事争议仲裁委员会的不予受理通知书予以证明。被告认可证据的真实性，但不认可双方存在劳务雇佣关系。被告认为双方是承揽合同关系，因为被告跟原告结算2013年以前是按天结算，后改为按照制作木箱的数量进行结算，且原告自2013年开始木箱制作由其自行安排、工具自带，有时间原告才去车间帮忙，有时候甚至叫上原告家人一起加工木箱。被告提交收条、录像资料和工资发放清单予以证明。同时被告申请证人江某林和毛某花出庭作证，证人江某林陈述原告受伤后找江某林时一只手戴着手套；证人毛某花陈述在现场看到原告两只手戴着手套。对此，原告认为两位证人是被告的员工、两人证言互相矛盾，故对证人证言不予认可，并认为被告提交的其他证据恰恰证明了双方存在劳务雇佣关系。

【案件焦点】

本案焦点在于双方法律关系是原告主张的劳务雇佣关系还是被告主张的承揽合同关系。

【法院裁判要旨】

北京市顺义区人民法院经审理认为：劳务雇佣关系和承揽合同关系在人身控制支配、能否决定工作场所及时间、报酬是否稳定、业务能否独立于对方等方面存在重大区别。本案中，原告与被告之间存在人身控制支配、报酬稳定、业务不能独立等情况，符合劳务雇佣关系的特征。

进一步地说，考察双方之间的关系，要对原告为被告所做工作整体角度来综合考察。如果按被告主张的双方是承揽合同，那么原告无需去被告车间干活，因为这不是承揽合同内容。就劳务雇佣关系而言，提供劳务一方可以根据接受劳务一方的要求做不同的工作内容，只是工作内容不同，结算方法不同。基于本案案情，本院从上述诸方面综合考察后认定，原告和被告之间是劳务雇佣关系，而不是承揽合同关系。

雇员在从事雇佣活动中遭受人身损害，雇主应当承担赔偿责任。原告在被告处加工木材而受伤，因此对原告在此事故中的损失，被告作为雇主应当承担赔偿责任。

据此，依照《中华人民共和国侵权责任法》第十六条、第二十二条，《最高人民法院关于审理人身损害赔偿案件适用法律若干问题的解释》第十一条第一款之规定，判决被告赔偿原告各项合理损失 44069.51 元，于本判决生效之日起十日内执行。

【法官后语】

在司法实践中，对劳务雇佣合同与承揽合同的厘定有重大意义。在经济活动中，特别是在不发达村镇的工厂里，出于各种原因，作为弱势群体的务工者往往无法取得对自己有利的证据，如有些案件中务工者经常提供不了劳务合同，因为根本没有签订过。务工者同时也存在举证能力显著不足的情况，对自己应举证的范围内容一知半解。这种情况给了有些居心叵测的用人单位可乘之机，尤其是在出现事故后要赔偿的时候，用人单位为推卸责任，对之前双方默认的劳务雇佣关系矢口否认。

本案的特殊之处在于被告用按件计酬来混淆独立收入，用多种工作内容安排来混淆人身独立，用原告自带小型工具来混淆自负风险，认为这就是跟原告签订的承揽合同，用一个似是而非的承揽合同关系来掩盖真实的雇佣合同关系。

本案中，被告用人单位与原告之间实际上是一个一揽子的雇佣合同关系。至于部分工作以不同方式来计算，系被告内部薪酬结算方式调整；工作内容调整，亦系被告内部工作安排，但这些并不构成对双方雇佣合同关系的实质性改变。

如果对务工者与用人单位的关系仅从谁主张谁举证的原则出发推定，很可能无法认定双方存在劳务雇佣关系，造成务工者合法权益受到重大损失。本案通过对双方均认可的事实，抽丝剥茧，最终认定用人单位应当对其雇员赔偿，对保护务工者合法权益方面具有一定的意义。

编写人：北京市顺义区人民法院　刘飞虎

13

雇佣关系与加工承揽关系的区分

——杜晓曦诉黑河市江海运输有限公司提供劳务者受害责任案

【案件基本信息】

1. 裁判书字号

黑龙江省黑河市爱辉区人民法院（2014）爱民初字第438号民事判决书

2. 案由：提供劳务者受害责任纠纷

3. 当事人

原告：杜晓曦

被告：黑河市江海运输有限公司

【基本案情】

2013年9月27日，原告杜晓曦与被告黑河市江海运输有限公司签订《外墙粉刷保修协议》，由原告负责对被告办公大楼（二层）外墙进行粉刷，双方约定粉刷完毕后经被告验收合格一次性支付原告16000.00元。协议签订后，由原告负责购买粉刷所用材料并组织工人进行粉刷外墙工作。2013年9月30日，原告为了给其他工友传递粉刷外墙所需工具，站在办公楼二楼楼梯护栏上，递完工具准备下来时，被拴在护栏上的铁丝晾衣绳绊倒，头向下摔到二楼楼梯平台上，原告受伤。伤后原告在黑河市第二人民医院住院治疗22天，经诊断为右肱骨近端骨折。经原告单方委托黑河市第一人民医院司法鉴定所鉴定，原告右肱骨近端骨折，内固定术后，属九级伤残；伤后六个月行医疗终结，取固定物手术期间休息一个月；住院期间需一人护理；择期取出固定物需手术费约六千元。原告认为其为被告雇佣，要求被告赔偿损失125880.43元。

【案件焦点】

1. 杜晓曦与黑河市江海运输有限公司之间是雇佣关系还是承揽关系；2. 黑河市江海运输有限公司是否存在过错。

【法院裁判要旨】

黑龙江省黑河市爱辉区人民法院经审理认为：本案的争议焦点为原告与被告之间存在雇佣关系还是承揽关系。根据原、被告签订的《外墙粉刷保修协议》，原告按被告的要求完成办公楼外墙粉刷工作，原告交付工作成果后，被告给付报酬，双方之间形成承揽合同关系。根据《最高人民法院关于审理人身损害赔偿案件适用法律若干问题的解释》第十条的规定："承揽人在完成工作过程中对第三人造成损害或者造成自身损害的，定作人不承担赔偿责任。但定作人对定作、指示或者选任有过失的，应当承担相应的赔偿责任。"本案中，被告办公楼为二层，属于低层建筑，选任原告进行外墙粉刷工作并不存在过失。且原告在完成定作工作过程中应尽到谨慎的注意义务，工作中被脚下晾衣绳绊倒属于原告自身过错。故原告要求被告赔偿损失的诉讼请求，本院不予支持。黑龙江省黑河市爱辉区人民法院依照《中华人民共和国侵权责任法》第六条第一款、《最高人民法院关于审理人身损害赔偿案件适用法律若干问题的解释》第十条之规定，作出如下判决：

驳回原告杜晓曦的诉讼请求。

判决作出后，原告杜晓曦与被告黑河市江海运输有限公司均未上诉。

【法官后语】

在司法实践中，雇佣关系（劳务关系）与承揽关系是比较容易混淆的。所谓雇佣关系，是指受雇人在雇佣人的指示、监督下，为雇佣人从事雇佣活动，由雇佣人支付报酬的劳动关系。承揽关系，是指承揽人按照定作人的要求完成工作，交付工作成果，定作人给付报酬的一种劳务关系。二者有以下几点不同：1. 从主体地位上看，雇佣关系虽具有平等性的特征，但雇佣关系一旦建立，雇工在工作要求上受雇主的指挥，而承揽关系的双方则纯为平等关系，不具有隶属性；2. 从法律关系的客体上看，雇佣关系以劳务给付为目的，即只要雇工提供了劳务，雇主就应支付报酬，而承揽关系则着眼于工作的完成，只有交付了符合定作人要求的劳动成果，定作人才支付报酬；3. 从损害赔偿责任的承担上看，在雇佣关系中，雇主对雇工在执行职务中所受的损害以及雇员在执行职务过程中致第三人的损害，应承担赔偿责任，而在承揽合同中，承揽人在履行合同过程中所遭受的损害由承揽人自行承担。本案中，根据杜晓曦与黑河市江海运输有限公司签订的《外墙粉刷保修协议》，杜晓曦按黑河市江海运输有限公司的要求完成办公楼外墙粉刷工作，交付工作成果后，黑河市江海运输有限公司给付报酬，双方之间形成承揽合同关系。因此黑河市江海运输有限公司并未与杜晓曦之间形成劳务关系关系，所以无需承担赔偿责任。

正确判断案件中当事人之间的法律关系，有助于办案人合理合法的解决纠纷，维护案件当事人的合法权益，从而维护社会的和谐与稳定。

编写人：黑龙江省黑河市爱辉区人民法院　张家双

14

提供劳务者受害责任的认定

——周兰荣诉范汉明、陆桂杰提供劳务者受害责任案

【案件基本信息】

1. 裁判书字号

广西壮族自治区来宾市金秀瑶族自治县人民法院（2014）金民初字第153号民事判决书

2. 案由：提供劳务者受害责任纠纷

3. 当事人

原告（反诉被告）：周兰荣

被告（反诉原告）：范汉明、陆桂杰

【基本案情】

2013年11月，兰某华与范汉明、陆桂杰达成砍伐杉木口头协议，双方约定由兰某华组织人员、备置油锯、拉钩等工具砍伐小双树冲口的杉木，后将杉木截筒归

堆运至指定地点，劳作工酬约定为：截筒70元/立方米，搬运运费100元/立方米。同年11月21日，兰某华与周兰荣、叶某军等五人自带工具对范汉明、陆桂杰指定的杉木进行砍伐，五人内部约定的酬劳分配方式为：将油锯租金、油钱扣除后，以记工分的方式，多劳多得。周兰荣砍伐杉木时，牵拉杉木过程中被杉木砸中腰部致伤。

周兰荣提供中医院疾病证明书、司法鉴定所鉴定书等证据诉称，其与叶某军等五人受范汉明、陆桂杰雇请为其砍伐杉木，在砍伐时，周兰荣被杉木压倒腰部致伤，范汉明、陆桂杰应赔偿其因此造成的医疗费等费用。

范汉明、陆桂杰答辩并反诉称，其与周兰荣不存在雇佣关系，其将砍树工作承包给兰某华，并口头约定由兰某华组织人员砍伐。其与兰某华为承揽关系，其是定作人，周兰荣、兰某华等为承揽人。对周兰荣致伤的经济损失，其不应承担赔偿责任。对为周兰荣垫付16000元的医疗费，其反诉要求周兰荣予以返还。

兰某华述称，其与周兰荣、叶某军等平日以为他人砍伐、拉运木头的方式获取劳动报酬，五人之间仅为工友关系，并没有雇佣其他四个工友，其与范汉明、陆桂杰之间亦非承揽合同关系，其不应承担周兰荣的损害赔偿责任，应由范汉明、陆桂杰承担赔偿责任。

【案件焦点】

周兰荣与范汉明、陆桂杰之间是承揽关系还是雇佣关系。

【法院裁判要旨】

广西壮族自治区金秀瑶族自治县人民法院经审理认为：兰某华受范汉明、陆桂杰的授权，组织周兰荣及叶某军等人砍伐指定地点、范围的杉木，周兰荣等人仅需将杉木截筒、搬运到指定地点，即可按约定给付酬劳，不存有亏损的风险，是其提供劳务服务的直接价值体现，周兰荣与范汉明、陆桂杰之间形成了雇佣法律关系。周兰荣具有完全民事行为，在未有他人配合将杉树牵引、稳定的情况下，轻信能避免事故发生，违反安全操作流程冒险作业，导致被杉树砸伤，其行为是事故发生的根本原因，应承担事故的主要责任。范汉明、陆桂杰作为雇主，应当预见在砍伐中可能出现不安全事故，但均未采取有效安全防范措施，疏于安全提醒，亦未提供保护工具以保障工作安全，导致事故发生，亦应承担相应过错责任，鉴于周兰荣对自身损害后果的发生存在重大过错，应当减轻范汉明、陆桂杰赔偿责任。结合当事人各自的过错，按责任与过错相对应原则，将双方的责任比例分为 6：4 较为适宜，即由周兰荣承担 60% 的责任，范汉明、陆桂杰承担 40% 的责任。范汉明、陆桂杰主张其与周兰荣为承揽关系，对周兰荣不应承担赔偿责任的辩解，并反诉要求周兰荣退还垫付款额的诉请，证据不足，理由不充分，不予支持。

金秀瑶族自治县人民法院依照《中华人民共和国民法通则》第九十八条、第一百零六条、第一百三十一条，《中华人民共和侵权责任法》第十六条、第二十六条、第三十五条及《最高人民法院关于审理人身损害案件适用法律若干问题的解释》第二条、第十七条、第十九条、第二十条、第二十一条、第二十二条、第二十三、第二十四条、第二十五条之规定，作出如下判决：

一、范汉明、陆桂杰尚应赔偿周兰荣因事故所造成的医疗费、误工费、护理费、住院伙食补助费、残疾赔偿金、伤残等级鉴定费、交通费、被抚养人抚养费共计 67204.08 元（不含范汉明、陆桂杰已付医疗费 16000.00 元）；

二、驳回周兰荣的其他诉讼请求；

三、驳回范汉明、陆桂杰的反诉请求。

【法官后语】

雇佣关系，是指雇佣人在一定或不特定的期间内，从事雇主授权或指示范围内的生产经营活动或其他劳务活动，雇主接受雇佣人提供的劳务并按约定给付报酬的权利义务关系。其特点：1. 雇主与雇员之间存在一定的人身依附关系，雇员在工作时间、工作地点、工作程序等方面需按雇主的安排，雇主可以随时干预雇员的工作；2. 雇员工作目的只是单纯提供劳务，大多是简单的体力劳动，技术含量较低，报酬仅是其提供劳务的对价；3. 雇员不能将应负的劳动义务转移给他人承担，必须亲自履行，除非得到雇主同意；4. 报酬的确定是根据市场劳动力的价格，结合相应的行业标准确定的。报酬一经确定后，雇员一般能在长时期内取得稳定的报酬数额，不存有亏损的风险；5. 受雇人工资系计时工资，合同以一定期间之存续为原则；6. 雇员在完成工作过程中所产生的风险包括雇员受到伤害、致他人损害、工作物不符合质量要求等所造成的损失，均由雇佣人负危险责任。

具体到本案中，1. 周兰荣等人主要使用其劳动力完成砍伐、拉运杉树的工作即可完成合同，并不需要再向范汉明、陆桂杰交付其他工作成果；2. 范汉明、陆桂杰指定工作地点、工作要求、报酬计算方式，亦可以随时干预、阻止、指挥、监督周兰荣等人工作，双方之间具有支配与服从的关系；3. 约定报酬后，周兰荣等人只要完成范汉明、陆桂杰交付的工作，便能取得稳定的报酬数额，不存有亏损的风险；4. 周兰荣等人自带油锯、砍刀、竹钩等生产工具开展砍伐劳作，并没有将应负的劳务义务转移给他人承担，均亲自参与了砍伐，履行雇佣契约；5. 周兰荣等人在砍伐时均是自带简易工具（油锯、砍刀、竹钩），不需要专业生产设备辅以实施，技术含量较低，报酬单一，是劳务行为的价值体现。

综上，周兰明与范汉明、陆桂杰之间形成了雇佣法律关系。

编写人：广西壮族自治区来宾市金秀瑶族自治县人民法院 莫庆师

15

农村建房伤害事故中房主的责任承担

——谢永娇等诉刘某坤等提供劳务者受害责任案

【案件基本信息】

1. 裁判书字号

云南省文山壮族苗族自治州丘北县人民法院（2014）丘民初字第659号民事判决书

2. 案由：提供劳务者受害责任纠纷

3. 当事人

原告：谢永娇、刘红祥、刘树开

被告：刘某坤、李寿云、李韩明

【基本案情】

被告李韩明将坐落于丘北县锦屏镇上寨村的自家房屋以包工不包料的形式承包给被告李寿云建设施工。李寿云又将房屋架木工程转包给没有建设施工资质的被告刘某坤施工，刘某坤便邀约刘正新、刘某贵、李某鹏共同进行架木施工。2014年7月2日，刘正新在对房屋第一层进行架木施工过程中不慎跌落受伤，当日送丘北县人民医院住院治疗。2014年7月12日因抢救无效死亡，共住院治疗10天，共花费治疗费47400.51元，新农合减免35610.22元。被告刘某坤支付医疗费8800元，刘正新死亡后支付丧葬费14341元。

【案件焦点】

房主李韩明在本案中的责任承担问题。

【法院裁判要旨】

云南省丘北县人民法院经审理认为：本案为提供劳务者受害责任纠纷。被告李寿云与李韩明之间为承揽合同关系。被告李寿云将架木工程分包给没有施工资质的被告刘某坤进行施工，死者刘正新受被告刘某坤之邀而参与架木施工。被告刘某坤作为接受劳务一方与刘正新作为提供劳务一方，双方之间已形成劳务关系。被告刘某坤作为接受劳务一方应与刘正新根据各自的过错承担相应的责任。刘某坤作为工程的施工组织者，在施工过程中未尽到安全保障义务，导致刘正新在施工过程中受伤，其应承担相应的责任。死者刘正新在施工过程中未尽安全注意义务，对伤害的发生具有重大过失，亦应承担相应的责任。被告李寿云在承揽了建房工程后，又将建房架木的工程分包给不具备安全生产条件的被告刘某坤进行施工，应承担连带赔偿责任。被告李韩明作为房主，将房屋承包给具有多年施工经验的被告李寿云进行建设，对李寿云是否将工程分包以及分包给何人施工没有指挥、支配的权利，故李韩明在本案中不存在定作、指示或选任过失，不承担本案赔偿责任。综上，根据本案事实，被告刘某坤应承担30%的赔偿责任，被告李寿云承担连带赔偿责任，被告李韩明不承担赔偿责任。

云南省丘北县人民法院依照《中华人民共和国侵权责任法》第十六条、第三十五条之规定，作出如下判决：

一、由被告刘某坤赔偿原告谢永娇、刘红祥、刘树开的各项经济损失190983.99元的30%，即57295.2元，扣除被告刘某坤已经支付的医疗费8800元、丧葬费14341元，被告刘某坤还应支付34154.2元，限于本判决生效后十日内履行完毕。被告李寿云承担连带赔偿责任；

二、被告李韩明不承担赔偿责任；

三、驳回原告谢永娇、刘红祥、刘树开的其他诉讼请求。

【法官后语】

本案主要分歧点在于房主李韩明是否承担责任。被告李寿云以建筑业为主要职业，具有多年的房屋施工经验。本案中，被告李寿云为被告李韩明包工不包料承建建房活动，被告李寿云与李韩明之间为承揽合同关系。依最高人民法院《关于审理人身损害赔偿案件适用法律若干问题的解释》第十条规定："承揽人在完成工作过程中对第三人造成损害或者造成自身损害的，定作人不承担赔偿责任。但定作人对定作、指示或者选任有过失的，应当承担相应的赔偿责任。"但国家法律、法规对从事农村低层住宅建筑活动的施工人员没有相应等级资质的强制性规定。被告李韩明作为房主，将房屋发包给具有多年施工经验的被告李寿云进行建设，对李寿云是否将工程分包以及分包给何人施工没有指挥、支配的权利，房主李韩明选任李寿云承建自家低层住宅，该施工队虽无资质，但符合农村建房的实际情况。故李韩明在本案中不存在定作、指示或选任过失，不承担本案赔偿责任。

通过对本案的分析可知，农村低层住宅建设属于一般承揽合同，对其资质国家法律法规无强制性要求，对于房主是否应承担责任，应适用《最高人民法院关于审理人身损害赔偿案件适用法律若干问题的解释》第十条的规定，如房主具有定作、指示或者选任过失，则应承担相应责任，反之，则不承担责任。在司法实践中，如何判定房主具有选任、指示过失较难判定，大部分以承包人不具备相应资质为由来认定房主的选任过失，但国家对农村低层住宅建设并不强制要求具有相应资质，因此以资质作为选任过失的依据明显不足。在司法实践中，应从当地社会的一般价值观念以及农村建房的实际情况出发，结合房主是否对建房具有指示、定作过失，是否对房屋施工工具有指挥、支配的权利等方面来综合认定房主是否具有选任过失。

编写人：云南省文山壮族苗族自治州丘北县人民法院　李彩文

三、雇主与雇员的责任划分

16

雇主未尽安全保障义务致雇员伤害的需承担责任

——陈猛君诉福建省世界峰茶业有限公司健康权案

【案件基本信息】

1. 裁判书字号

福建省泉州市中级人民法院（2013）泉民终字第3429号民事判决书

2. 案由：健康权纠纷

3. 当事人

原告（上诉人）：陈猛君

被告（上诉人）：福建省世界峰茶业有限公司（以下简称世界峰茶业公司）

【基本案情】

2011年11月，世界峰茶业公司雇佣陈猛君在其公司从事茶业网上销售和网站维护，双方约定月工资1500元，由世界峰茶业公司提供宿舍供陈猛君居住，该宿舍楼梯没有设置护栏。2012年3月14日晚，陈猛君与世界峰茶业公司经理邱某峰及妻子、公司员工王某安、王某河、吴某斌等九个人到“洛克王国”KTV聚餐并饮酒，当晚11时许，世界峰茶业公司老板王某峰开车接送上述人员回宿舍休息，王某安陪同陈猛君回到公司租住的宿舍休息。在上楼梯时，陈猛君不慎从楼梯摔落下来，身体受到严重伤害。之后，世界峰茶业公司老板王某峰立即带陈猛君到安溪县医院抢救治疗，因伤势严重，陈猛君遵医嘱于2012年3月15日转往福建省医科大学附属第一医院进行治疗，后又遵医嘱两次前往泉州市中医院进行康复治疗，三次住院共计149天，共支付医疗费105166.37元。经陈猛君申请，安溪县人民法院委托福建安泰司法鉴定所对陈猛君的伤势进行了鉴定，鉴定意见为：一级伤残，终身需要完全护理依赖。

事后，陈猛君主张事发当晚是世界峰茶业公司组织的员工聚餐，导致事故的发生，且世界峰茶业公司提供存在严重安全瑕疵的宿舍给员工居住，未尽到应有的安全保障义务，与其最终伤害结果存在因果关系，就此要求世界峰茶业公司赔偿其各项损失的70%，合计人民币1023695元。但世界峰茶业公司认为陈猛君所参加的系员工在下班以后，在私人时间内自发组织的私人聚餐，其聚餐行为与职务并无任何关联，而在聚餐过程亦是陈猛君自己主动要求喝酒，并无任何人对其进行强行敬酒、灌酒等，事后聚餐人员担心陈猛君的人身安全，还特地安排员工王某安护送其回到宿舍，王某安事后述称陈猛君是自己从楼梯上往后摔倒的。综上，世界峰茶业公司和企业员工皆已采取合理有效措施保障陈猛君的人身安全，且就陈猛君摔倒的情形而言，受伤结果与宿舍楼未安装护栏之间没有任何因果关系，世界峰茶业公司对陈猛君的伤害结果无需承担任何责任。

【案件焦点】

世界峰茶业公司对其员工陈猛君因过量饮酒、疏忽大意，不慎从公司提供的未安装楼梯护栏的宿舍楼梯上摔倒致残是否需要承担侵权责任。

【法院裁判要旨】

福建省安溪县人民法院经审理认为：原告陈猛君作为一个具有完全民事行为能力的成年人，在与同事聚餐时未能控制好自己的酒量，过量饮酒、疏忽大意是原告从楼梯摔落受伤的主要原因，应承担主要责任即承担本案确定赔偿总额的百分之七十之责。被告世界峰茶业公司租赁没有设置楼梯护栏的房屋供原告居住存在安全瑕疵，与原告从楼梯摔落具有一定的因果关系，应承担次要责任即承担本案确定赔偿总额的百分之三十之责。

福建省安溪县人民法院依照《中华人民共和国侵权责任法》第六条第一款，第十六条、第二十二条、第二十六条，《中华人民共和国民法通则》第九十八条以及《最高人民法院关于民事诉讼证据的若干规定》第二条之规定，作出如下判决：

被告世界峰茶业公司应赔偿原告医药费、司法鉴定费、误工费、护理费、住院伙食补助费、营养费、交通费、精神损害抚慰金、残疾赔偿金等合计1400751.37的30%即人民币420225.41元，扣除已支付的36400元，被告还应给付原告人民币383825.41元。款项限于判决生效之日起30日内支付。

陈猛君与世界峰茶业公司持原审意见提起上诉。福建省泉州市中级人民法院经审理认为：上诉人陈猛君作为一个具有完全民事行为能力的成年人，在与同事聚餐时未能控制好自己的酒量，过量饮酒，其在世界峰茶业公司提供的宿舍住宿已有一段时间，对宿舍及周围环境包括楼梯未安装护栏存在安全隐患的情况是清楚的，但在饮酒后并有同事陪同回宿舍过程中，未能尽到自身的安全注意义务，疏忽大意，对其自身从楼梯摔落受伤负有重大过失，应自行承担主要责任。原审判决认定上诉人陈猛君应对自身损害承担70%的责任正确，应予维持。上诉人世界峰茶业公司租赁没有设置楼梯护栏的房屋供其员工即上诉人陈猛君居住，对该宿舍存在的安全隐患未能及时采取防护措施，排除安全隐患，其对上诉人陈猛君饮酒后回宿舍时从楼梯摔落受伤具有一定的过错，应承担次要责任，原审判决认定上诉人世界峰茶业公司应对上诉人陈猛君的损害造成的经济损失承担30%的赔偿责任正确。

福建省泉州市中级人民法院依照《中华人民共和国民事诉讼法》第一百七十条第一款第（一）项之规定，作出如下判决：

驳回上诉人陈猛君、上诉人世界峰茶业公司的上诉，维持原判。

【法官后语】

本案雇主世界峰茶业公司对其雇员陈猛君的人身伤害是否需要承担赔偿责任，关键在于雇主对雇员是否负有安全保障义务？如果负有安全保障义务，那么双方责任又要如何认定？安全保障义务是指在某些特定的法律关系中，一方当事人对另一方当事人的人身、财产安全负有关照和采取措施加以保护的义务。我国现行的《侵权责任法》第三十七条正式引入了“安全保障义务”的概念，却没有明文规定雇主对雇员的安全保障义务，给此类案件的审理带来了一定难度。然而，从安全保障义务的一般原理出发，雇主对雇员应该负有安全保障的义务，雇主未尽合理限度范围内的安全保障义务致使雇员人身、财产遭受损害的，应当承担相应的责任。

具体到本案中，陈猛君具有完全民事行为能力，对自己的人身安全负有安全注意义务，只是因为其未能控制自己的酒量，过量饮酒，疏忽履行自身安全注意义务，成为了损害结果发生的主要原因，依此法院判决认定其自行承担主要责任即赔偿总额的百分之七十之责。而世界峰茶业公司作为雇主，通过派人护送陈猛君回宿舍、及时将受伤的陈猛君送至医院抢救治疗、前期派人参与对陈猛君的护理等一系列行为体现其在主观上对于损害结果的发生持否定态度，但客观上世界峰茶业公司因租赁没有设置护栏的房屋供员工居住，且无法提供有力证据阻断损害结果与未装护栏之间存在因果关系，导致其履行安全保障义务存在瑕疵，对损害结果的发生具有一定因果关系。法院虽然没有直接引用《侵权责任法》第三十七条中“安全保障义务”的相关规定，而是依照《侵权责任法》的一般性规定判决世界峰茶业公司承担百分之三十的赔偿责任，但笔者认为世界峰茶业公司在本案中所承担责任的义务来源就是“安全保障义务”的一般原理。应该说，这一判决结果既符合对事实认定和法律适用的要求，又充分体现了侵权责任法的立法精神。

综上，安全保障义务这一概念的引入无疑是我国立法的巨大进步，是以人为本的具体体现。但在近几年的司法实务当中，我们也发现这一规定在立法上存在一定缺陷，例如义务主体的规定不全面，义务范围过于抽象等，致使安全保障义务被泛化成无所不包的义务。因此，建议在完善相关规定时，应考虑将安全保障义务主体从“宾馆、商场、银行、车站、娱乐场所等公共场所或群众性活动的组织者”扩大到包括雇主在内的“从事社会活动的主体”，同时以“合理限度”的标准对安全保障义务进行限制并辅以量化标准。

编写人：福建省泉州市安溪县人民法院　谢伟峰　龚志坤

17

雇员因劳务遭受人身损害，雇主应承担过错责任

——龙永珍诉黄迪峰生命权、健康权、身体权案

【案件基本信息】

1. 裁判书字号

四川省成都市锦江区人民法院（2014）民初字第1630号民事判决书

2. 案由：生命权、健康权、身体权纠纷

3. 当事人

原告：龙永珍

被告：黄迪峰

【基本案情】

原告从2013年8月起至2013年10月在被告经营的壹席宴养生食坊从事保洁、传菜等勤杂工作。2013年10月6日，原告在上班期间下楼梯时不慎摔下致伤。事故发生后，原告被送到郫县人民医院住院治疗，经诊断为右髌骨骨折。原告共住院27天，于2013年11月2日出院，花费医药费13471.36元（该费用由被告垫付12000元）。出院医嘱及建议：门诊随访，加强患膝功能锻炼；1、3、6、9、12月定期来院复查X片；休息五月。一年后行内固定取出，费用约需伍仟元。2014年3月10日，四川求实司法鉴定所对原告的伤情鉴定为十级伤残。原告因鉴定支付鉴定费790元。原告认为，原、被告双方形成雇佣关系，原告在从事工作时受伤，根据《中华人民共和国侵权责任法》的相关规定，被告应对原告遭受的人身损害承担赔偿责任。故请求被告赔偿因伤害事故给其造成的损失87491.36元，包括医疗费13471.36元、误工费17390元、护理费2700元、住院伙食补助费810元、营养费810元、交通费900元、残疾赔偿金40614元、鉴定费790元、后续治疗费5000元、精神损害抚慰金5000元。被告认为原告受伤时并非从事雇佣活动，被告对原

告所发生的伤害不应承担赔偿责任。即使原告受伤时属于从事雇佣活动，但其受伤系本人下楼梯时不小心所致，其对伤害的发生自身存在重大过失，被告并无过错，原告也应当对该伤害事故承担全部或主要责任。且原告主张的赔偿金额过高，不符合事实和法律规定。

【案件焦点】

雇员因劳务自己遭受人身损害的，雇主应承担过错责任还是无过错责任。

【法院裁判要旨】

四川省成都市锦江区人民法院经审理认为：公民的生命健康权应受法律保护。原告在被告经营的餐馆内从事保洁、传菜等勤杂工作，双方形成雇佣关系。现原告在从事雇佣活动中为被告提供劳务受伤，根据《中华人民共和国侵权责任法》第三十五条之规定，原、被告双方对原告所遭受的损失应根据各自的过错承担相应的责任。被告作为雇主，未对原告所从事工作提供完善的安全保护措施，未能尽到合理限度内的安全保障义务，其存在过错，应对原告所受伤害承担赔偿责任。原告作为完全民事行为能力人，未能尽到必要的安全注意义务，导致在下楼梯时不慎摔伤，其本人具有一定的过错，亦应承担部分责任。综合双方各自的过错程度等因素，本院酌定原告受伤所致损失由被告承担80%的责任，原告自行承担20%的责任。

关于赔偿项目和数额的认定问题。原告的损失包括医疗费、误工费、护理费、住院伙食补助费、营养费、交通费、残疾赔偿金、后续治疗费、精神损害抚慰金、鉴定费共计73982.95元，除精神损害抚慰金3000元应由被告全额赔付外，按原、被告双方责任比例分担，由被告承担80%，即56786.36元（70982.95元×80%），其余部分由原告自行负担。扣除被告已支付的医疗费12000元，被告尚应赔偿47786.36元（56786.36元+3000元－12000元）。法院对原告多主张部分，不予支持。

依照《中华人民共和国侵权责任法》第三十五条，《最高人民法院关于审理人身损害赔偿案件适用法律若干问题的解释》第十七条第一款、第二款、第十八条第一款、第十九条、第二十条、第二十一条、第二十二条、第二十三条第一款、第二十四条、第二十五条第一款，《最高人民法院关于确定民事侵权精神损害赔偿责任若干问题的解释》第十条第一款之规定，判决如下：

一、被告黄迪峰应于本判决发生法律效力之日起十日内向原告龙永珍支付赔偿款47786.36元。

二、驳回原告龙永珍的其他诉讼请求。

【法官后语】

本案是一起典型的雇员受害赔偿纠纷。雇员受害赔偿纠纷是指在雇佣法律关系中，雇员在从事雇主授权或者指示范围内的生产经营活动或者其他劳务活动中受到损害，由雇主承担赔偿责任而引起的纠纷。本案中，原、被告双方存在雇佣法律关系及原告在从事雇佣活动中受到伤害的事实不难认定，审理的关键应在于认定被告赔偿责任的承担问题，也即适用过错责任还是无过错责任的归责原则。

《侵权责任法》颁布前，雇员受害赔偿案件所适用的法律规范主要是《最高人民法院关于审理人身损害赔偿案件适用法律若干问题的解释》第十一条，雇员在从事雇佣活动中遭受人身损害，雇主应当承担赔偿责任。这一司法解释对雇主责任的规定适用的是无过错责任原则，即发生雇员自身或致人损害的情况，雇主一律承担责任，至于雇主主观上有无过错在所不问。也即意味着雇员在诉讼过程中只要证明侵权行为的存在（因劳务受到损害）以及损害后果，而无需证明雇主是否存在过错的问题。

《侵权责任法》施行后，雇员受害赔偿案件在案由、归责原则、举证责任等诸方面都发生了相应的变化，其中《侵权责任法》第三十五条对自然人雇主责任进行了明确规定："个人之间形成劳务关系，提供劳务一方因劳务造成他人损害的，由接受劳务一方承担侵权责任，提供劳务一方因劳务自己受到损害的，根据双方各自的过错承担相应的责任。"也就是说，提供劳务一方因劳务致使自己受到伤害适用过错责任，即根据提供劳务一方和接受劳务一方各自的过错承担相应的责任。这是我国法律首次规定雇员受害赔偿归责原则为过错责任原则，改变了上述《最高人民法院关于审理人身损害赔偿案件适用法律若干问题的解释》中规定的无过错归责原则，劳务关系双方均应负担风险防范义务，这一规定相应减轻了雇主的责任，增加了雇员的注意义务，从而也有利于督促雇员谨慎地完成雇佣工作。

由于二者规定的迥异，导致司法实务中对适用过错责任原则还是无过错责任原则存在较大争议，两种意见一直在交锋。笔者认为，在审判实践中应当直接适用

《侵权责任法》第三十五条的规定，而不再适用《最高人民法院关于审理人身损害赔偿案件适用法律若干问题的解释》第十一条规定的内容，因《侵权责任法》的修改在一定程度上体现了公平性，更能全面的平衡双方的利益冲突。本案正是基于此，适用过错责任的归责任原则。被告作为雇主，对原告应负有安全保障义务，但由于未对原告所从事工作提供完善的安全保护措施导致原告下楼梯时不慎摔伤，其存在过错，应对原告受伤承担赔偿责任。但是，原告作为完全民事行为能力人，未能尽到必要的安全注意义务，其自身也存在一定过错，故其对损害结果的发生亦应承担相应责任。综合考量双方的过错程度，法院最终酌定由被告承担80%、原告自行承担20%的责任。

编写人：四川省成都市锦江区人民法院　杨立庆

18

雇员超出授权范围的劳务行为致自己受伤，雇主是否仍要承担责任

——王梅山诉马晓明提供劳务者受害责任案

【案件基本信息】

1. 裁判书字号

青海省海西蒙古族藏族自治州乌兰县人民法院（2014）乌民初字第124号民事判决书

2. 案由：提供劳务者受害责任纠纷

3. 当事人

原告：王梅山

被告：马晓明

【基本案情】

2014年4月3日，原告经人介绍到被告所经营的银海火吧从事洗碗、洗菜的工作，双方约定日工资为60元。2014年5月9日，原告在做完手头工作的情况下，看见放在洗碗间的绞肉机没有清理干净，欲行清理。因绞肉机电源线较短，连接不到置于洗碗间外面的电源插座，便用带线插板作为延长线，以接通电源，机器启动，导致原告正在清洗绞肉机的左手受伤。经确诊原告王梅山为左手食指开放性外伤，王梅山于2014年5月10日至2014年5月15日在中国人民解放军第四医院住院治疗5天，产生医疗费用5775元。青海省高级人民法院接受本院委托，授权青海昆仑司法鉴定中心对原告王梅山的伤情进行了鉴定，经鉴定原告王梅山系左手食指远侧指间关节离断，构成十级伤残。王梅山认为自己是在从事劳动中手指受伤，被告马晓明应当承担治疗费用，于是向法院提起诉讼，要求判令被告赔偿原告各项损失（医药费、误工费及死亡赔偿金）；被告辩称原告的职责是洗碗、洗菜且已经跟王梅山说明绞肉机是厨房大师傅专用的，清洗绞肉机也不属于原告的职责范围，原告受伤是自己过失造成的，事故发生后，被告及时将原告送到医院救治，医院工作人员对原告进行检查后认为原告的指节已经不能保留，需进行切除手术。原告不听医护人员的建议，坚持去西宁治疗，依然进行了指节切除手术，增加了不必要的损失，扩大了损失范围，扩大部分的费用被告拒绝支付。

【案件焦点】

雇员王梅山超出授权范围的劳务行为致自己受伤，雇主马晓明是否应当承担责任。

【法院裁判要旨】

青海省乌兰县人民法院经审理认为：公民的生命权、身体权、健康权受法律保护。根据《最高人民法院关于审理人身损害赔偿案件适用法律若干问题的解释》第九条第二款“……雇员的行为超出授权范围，但其表现形式是履行职务或者与履行职务有内在联系的，应当认定为‘从事雇佣活动’”及《中华人民共和国侵权责任法》第三十五条“个人之间形成劳务关系，提供劳务一方因劳务造成他人损害的，由接受劳务一方承担侵权责任。提供劳务一方因劳务自己受到损害的，根据双方各自的过错承担相应的责任”之规定，原告作为完全行为能力人，在清洗电力设备时未将绞肉机的电源从插线板上拔出，未能尽到合理的注意义务，对损害的发生负有过错；被告马晓明作为雇主对其雇员在工作中因使用机器设备不当致人损害的，应当承担赔偿责任。另被告马晓明在经营管理过程中未尽到妥善管理的义务，致使工作环境中出现安全隐患，对事故的发生，亦应承担相应的责任。至于被告辩称“原告因去西宁住院治疗扩大了损失范围”，于法无据，本院不予支持。据此本院双方过错确定原告王梅山应承担事故责任的40%，被告马晓明承担事故责任的60%。

青海省乌兰县人民法院依照《中华人民共和国侵权责任法》第十六条、第三十五条，《最高人民法院关于审理人身损害赔偿案件适用法律若干问题的解释》第十一条、第十七条、第十九条、第二十条、第二十二条、第二十三条、第二十四条、第二十五条之规定，作出以下判决：

一、被告马晓明于本判决生效之日起三十日内赔偿原告医疗费、误工费、残疾赔偿金等各项损失25382.74元人民币；

二、驳回原告其他诉讼请求。

如果未按本判决指定的履行期间给付金钱义务，依照《中华人民共和国民事诉讼法》第二百五十三之规定，被告应加倍支付迟延履行期间的债务利息。

【法官后语】

本案处理重点在于提供劳务者从事雇主授权范围外的劳务行为致自己受伤，雇主是否应当承担责任。雇主马晓明辩称“原告的职责是负责洗碗，绞肉机不属于她的工作范围，原告来上班时我明确告知过绞肉机是专属于厨房大师傅使用的工具，这次事故的发生是由于原告自身超出工作范围导致的，我不应该承担责任”

雇主与雇员之间存在特定的法律关系，雇主对雇员的行为应承担责任。一是雇主与雇员之间存在特定的人身关系。雇员在执行职务过程中，其行为是受到雇主意志的支配与约束的，雇员所实施的行为，实际上等于雇主自己所实施的行为。二是雇主的雇请行为与雇员造成损害结果的行为之间存在特定的联系。损害结果虽是雇员的不当行为造成的，但也与雇主对雇员选任不当、怠于管理、疏于监督等行为存在重要联系，是损害事实发生的本质原因。三是雇主与雇员之间有特定的利益关系。雇员受雇期间所实施的行为，直接为雇主创造利益，雇主承受这种利益，雇员得到报酬。因此对于损害结果是雇员执行职务行为造成的，雇主应当承担赔偿责任。最高人民法院《关于审理人身损害赔偿案件适用法律若干问题的解释》第九条第二款“……雇员的行为超出授权范围，但其表现形式是履行职务或者与履行职务有内在联系的，应当认定为‘从事雇佣活动’”、《侵权责任法》第三十五条规定，“个人之间形成劳务关系，提供劳务一方因劳务造成他人损害的，由接受劳务一方承担侵权责任。提供劳务一方因劳务自己受到损害的，根据双方各自的过错承担相应的责任”、《侵权责任法》第十六条规定，“侵害他人造成人身损害的，应当赔偿医疗费、护理费、交通费等为治疗和康复支出的合理费用，以及因误工减少的收入。造成的残疾，还应当赔偿残疾生活辅助具费和残疾赔偿金。造成死亡的，还应当赔偿丧葬费和死亡赔偿金”因此本案的雇主马晓明应当承担责任。

雇员对损害结果有过错的也应当承担责任。本案中，雇员王梅山是完全民事行为能力人，应当意识到绞肉机的危险性，应在清洗前确认是否断开电源，王梅山没有尽到合理的注意义务，对损害的发生也负有过错。依据《民法通则》第一百零六条第二款的规定，雇员王梅山也应承担事故责任。

责任的承担应按过失的大小来划分。《民法通则》第一百三十一条的规定：“受害人对于损害的发生也有过错的，可以减轻侵害人的民事责任。”《最高人民法院关于审理人身损害赔偿案件适用法律若干问题的解释》第三条第二款规定：“二人以上没有共同故意或者共同过失，但其分别实施的数个行为间接结合发生同一损害后果的，应当根据过失大小或者原因比例各自承担相应的赔偿责任。”根据上述分析可知，马晓明在雇佣法律关系中处于主导地位，王梅山处于从属地位，因此雇主马晓明应当承担主要责任，雇员王梅山应承担次要责任。

编写人：青海省海西蒙古族藏族自治州乌兰县人民法院　喇晓媛

19

雇员对自身损害存在过错应承担相应责任

——朱惠清等诉陈树柏等提供劳务者受害责任案

【案件基本信息】

1. 裁判书字号

广西壮族自治区玉林市玉州区人民法院（2014）玉区法民初字第1274号民事判决书

2. 案由：提供劳务者受害责任纠纷

3. 当事人

原告：朱惠清、陈新、陈世贤、严家贞

被告：陈树柏、陈龙钦、陈琼山、钦州玉柴物流有限公司、中国人民财产保险股份有限公司玉林市玉州区支公司（以下简称中国人民财保玉州支公司）

【基本案情】

陈建平与原告朱惠清系夫妻关系，陈新、陈世贤系双方生育的子女，严家贞、陈龙棋（已故）系陈建平的父母。陈建平系被告陈树柏雇佣的司机，负责驾驶被告陈树柏购买的挂靠在被告钦州玉柴物流有限公司的桂N×××××号重型半挂牵引车，从事司机工作十多年。2013年3月25日22时30分许，在浙江省杭州市余杭区宇通物流装货过程中，陈建平在检查货物盖篷布时，不小心从桂N×××××号重型半挂牵引车车顶坠落，经余杭区第一人民医院抢救无效，于2013年3月26日05时死亡。参照2013年7月1日至2014年7月31日实施的《广西壮族自治区道路交通事故人身损害赔偿项目计算标准》，关于原告主张的经济损失，本院认定如下：医疗费22639.98元（被告陈树柏已支付）、死亡赔偿金（含被抚养人生活费）464031元、丧葬费18810元、住宿费、餐饮费、交通费、误工费22572元（被告陈树柏支付19572元），合计528052.98元（其中被告陈树柏已赔偿42211.98元）。

另查明，桂 N×××××号车在被告中国人民财保玉州支公司购买了车上人员责任险（司机，保险金额 50000 元）、道路客运承运人责任保险（每人责任限额 270000 元），陈建平意外坠落事故发生在保险期限内。《中国人民财产保险股份有限公司道路客运承运人责任保险条款》第三条规定，在保险期间内，旅客（包括司乘人员）在乘坐被保险人提供的客运车辆的途中遭受人身伤亡或财产损失，依照中华人民共和国法律（不包括港澳台地区法律）应由被保险人承担的经济赔偿责任，保险人按照本保险合同约定负责赔偿。《中国人民财产保险股份有限公司车上人员责任保险条款》第四条规定："保险期间内，被保险人或其允许的合法驾驶人在使用被保险机动车过程中发生意外事故，致使车上人员遭受人身伤亡、依法应当由被保险人承担的损害赔偿责任，保险人依照本保险合同的约定负责赔偿。"

【案件焦点】

陈建平对于自身死亡是否应当承担相应责任。

【法院裁判要旨】

广西壮族自治区玉林市玉州区人民法院经审理认为：桂 N×××××号车辆系被告陈树柏购买并挂靠在被告钦州玉柴物流有限公司经营，该车的所有权人应当是被告陈树柏，且应当是被告陈树柏雇佣陈建平从事司机工作。《中华人民共和国侵权责任法》第三十五条规定："个人之间形成劳务关系，提供劳务一方因劳务造成他人损害的，由接受劳务一方承担侵权责任。提供劳务一方因劳务自己受到损害的，根据双方各自的过错承担相应的责任。"被告陈树柏因雇佣而与陈建平形成劳务关系，陈建平在桂 N×××××号车辆检查货物盖篷布时，不小心从该车车顶坠落经抢救无效死亡，属于因劳务导致自己受到损害。陈建平作为从事了十多年交通运输工作的司机，拥有丰富的工作经验，对在车顶作业的风险应当具有较强的预见能力，但却存在重大过失，致使其在车顶盖篷布时意外坠落，对自身的死亡存在过错，应当减轻接受劳务一方的赔偿责任。结合陈建平的工作经验、风险预见能力及过错程度等因素考虑，本院认为陈建平应当自己承担 30% 的责任，雇主陈树柏应当承担 70% 的责任，并赔偿原告精神损害抚慰金 30000 元。扣除已赔偿的 42211.98 元，被告陈树柏仍需赔偿原告经济损失 327425.11 元、精神损害抚慰金 30000 元，合计 357425.11 元给原告。

玉林市玉州区人民法院依照《中华人民共和国侵权责任法》第二十六条、第三十五条之规定，作出如下判决：

一、被告陈树柏赔偿医疗费、死亡赔偿金（含被抚养人生活费）、丧葬费、住宿费、餐饮费、交通费、误工费等共计 327425.11 元给原告朱惠清、陈新、陈世贤、严家贞；

二、被告陈树柏赔偿精神损害抚慰金 30000 元给原告朱惠清、陈新、陈世贤、严家贞；

三、驳回原告朱惠清、陈新、陈世贤、严家贞的其他诉讼请求。

本案受理费 9289 元，由被告陈树柏负担 6049 元，原告朱惠清、陈新、陈世贤、严家贞负担 3240 元。

【法官后语】

该案件虽为提供劳务者受害责任纠纷，但是涉及劳务雇佣关系、车辆挂靠关系、保险关系、侵权关系等诸多法律关系，具有诉讼主体多样化、法律关系及法律适用复杂化等特点，而认定雇员的过错程度成为该案审理的焦点。

《最高人民法院关于审理人身损害赔偿案件适用法律若干问题的解释》第十一条第一款规定，雇员在从事雇佣活动中遭受人身损害，雇主应当承担赔偿责任。雇员在从事雇佣活动中自己受到人身损害的，由雇主承担赔偿责任。但是在雇员对自身损害存在过错时其是否应当承担相应责任及应当承担多大责任，上述司法解释没有明确规定，从而容易导致实践中出现"同案不同判"。而在《侵权责任法》实施后，该法律对于雇员与雇主的内部责任给予了明确规定——提供劳务一方因劳务自己受到损害的，根据双方各自的过错承担相应的责任。即雇员和雇主要根据双方的过错程度承担各自相应的责任，如果雇员对自己伤害存在过错的，应当根据其过错程度大小承担相应的责任。本案中，陈建平作为从事了十多年交通运输工作的司机，拥有丰富的工作经验，对在车顶作业的风险应当具有较强的预见能力，但却存在重大过失，致使其在车顶盖篷布时意外坠落，对自身的死亡存在过错，结合陈建平的工作经验、风险预见能力及过错程度等因素考虑，法院认为陈建平应当自己承担 30% 的责任，雇主陈树柏应当承担 70% 的责任为宜。本案判决后，双方均服判息诉，并已自动履行完毕，法律效果和社会效果较好。

编写人：广西壮族自治区玉林市玉州区人民法院　刘景华

20

无施工资质承建自住农房，雇员损害责任如何承担

——张德怀诉张鹏修、连某勤提供劳务者受害责任案

【案件基本信息】

1. 裁判书字号

四川省成都市蒲江县人民法院（2014）蒲江民初字第734号民事判决书

2. 案由：提供劳务者受害责任纠纷

3. 当事人

原告：张德怀

被告：张鹏修、连某勤

【基本案情】

2012年下半年，无建筑施工资质的被告张鹏修作为建筑方参与名山县茅河乡临溪村某组连某勤自住房的修建，原告张德怀系张鹏修所雇请的泥工。2013年12月18日中午原告和工友彭某洪、高某良、王某华等吃饭时喝了些酒，但未喝醉；酒是被告连某勤家提供的，主要用于工人解乏，喝不喝由工人自便。施工期间不能喝酒，被告张鹏修提前就已告知，原告和其他工人也知晓。饭后13时30分许，原告将拌好的灰浆提上二楼返回下楼时，由于楼梯护栏未建成，且无施工安全防护网，原告不慎从约4米高的楼道上直接摔落地下受伤。原告当即由被告送到雅安市中国人民解放军第37医院住院治疗43天，于同年3月12日出院，共支出医疗费43692元。原告的出院伤情诊断为："1. 特重型颅脑损伤，2. 胸部闭合性损伤，3. 左眼神经麻痹，4. 腰1、2、3右侧横突骨折……"，医嘱建议休息一个月。原告住院后的次日即2013年2月1日，经茅河乡临溪村村委会调解，原告亲属张某霞代表原告与二被告达成协议，约定由建筑方张鹏修、建房房主连某勤和原告家属三方各筹资金2万元为原告治疗，治愈后凭医院票据结算。之后，被告张鹏修和连某勤

分别垫付了医疗费1.2万元和1.1万元。2013年4月28日经甘溪镇司法所和村调委会调解，被告张鹏修与原告达成和解协议，约定今后原告因伤走法律程序，不管法院判决多少，被告张鹏修只需支付原告前后期医疗费用3万元，以后产生的任何费用与张鹏修无关；扣除被告已付的1.2万元，由被告在2013年10月支付余款1.8万元。该协议因原告启动诉讼，至今未履行。2013年6月5日经成都蓉城司法鉴定中心鉴定，原告因外伤损伤头部致开颅术后，存在精神障碍，日常活动能力受限，其伤残等级为九级，护理依赖程度为部分护理依赖，劳动能力为部分丧失，需后续治疗费16425元；开支鉴定费1700元。因原、被告双方就医疗费赔偿问题不能协商一致，导致原告提起诉讼。

【案件焦点】

无相关建筑施工资质的人员承建农村自住建房，其招募的工人在施工过程中受伤，承包方和发包方应各自承担什么样的责任。

【法院裁判要旨】

四川省成都市蒲江县人民法院经审理认为：原告张德怀作为被告张鹏修雇请的泥工参与被告连某勤自住房的修建，原告在从事雇佣活动即搬运灰浆的过程中不慎摔伤，被告张鹏修应承担相应的民事赔偿责任。被告连某勤自建房屋，应承包给具有相关建筑资质的施工单位承建，以确保建筑物的质量安全和施工人员的生命健康安全。被告连某勤在知道张鹏修无建筑施工资质的情况下，仍让其作为承建方参与房屋修建，导致本案安全事故的发生和原告受伤，对原告所受损害，被告连某勤存在选用建筑施工单位不当的过错，应承担相应的民事赔偿责任。另外，原告事发当天从事的工作是搅拌并上下楼梯搬运灰浆，工作本身就具有一定的危险性，另外工作环境又存在无楼梯护手、无安全防护网的安全隐患。原告在此情况下还酒后作业，导致其安全谨慎注意能力的减弱，进而导致事故的发生，原告作为受害者在损害的发生和扩大方面存在过错，应适当减轻被告的赔偿责任。对原告所受损害，根据本案的具体情况，结合二被告的责任大小，应由张鹏修承担40%的责任，连某勤承担30%的责任，张德怀自行承担30%的责任。对于原告所主张的赔偿费用：1. 已发生医疗费应以票据核实为准即43692元，后续医疗费16425元系鉴定意见确定必然发生的费用，本院予以支持；2. 误工费按农业标准即74元/天计算，误工时间为73天（住院43天+医嘱建议休息30天），金额为5402元；3. 住院期间的护理费按一般护工60/天计算，护理时间为43天，金额为2580元；4. 由于被告存在精神障碍，日常活动能力受限，其护理依赖程度鉴定为部分护理依赖，故其出院后的护理费先计算5年为59160元（23 664元/年×5年×50%）；护理费合计为61740元。5. 残疾赔偿金28004元符合法律规定，本院予以支持；6. 精神抚慰金5000元符合法律规定，本院予以支持；7. 住院伙食补助费应按20元/天计算43天，金额为860元；8. 鉴定费1700元符合法律规定，本院予以支持；9. 交通费酌情考虑600元；上述费用合计为163423元。对原告超出以上标准的费用主张，本院不予支持。结合二被告的责任大小，被告张鹏修应承担的赔偿费用为65369元（163423元×40%），扣除其垫付的1.2万元，还应承担53369元；被告连永勤应承担的赔偿费用为49026元（163423元×30%），扣除其垫付的1.1万元，还应承担38026元。由于被告张鹏修经有关调解组织调解与原告自愿达成了赔偿1.8万元了结纠纷的和解协议，该协议系当事人的权利处分行为，对当事人双方具有法律约束力。本院对被告张鹏修要求按1.8万元进行赔付的抗辩主张，予以采纳。综上所述，依照《最高人民法院关于审理人身损害赔偿案件适用法律若干问题的解释》第十一条、第十七条、第十八条、第十九条、第二十条、第二十一条、第二十二条、第二十三条、第二十五条，《中华人民共和国侵权责任法》第六条第一款、第十四条、第十六条、第三十五条之规定，判决如下：

一、限被告张鹏修于本判决生效后十日内一次性支付原告张德怀赔偿款18000元；

二、限被告连永勤于本判决生效后十日内一次性支付原告张德怀赔偿款38026元；

三、驳回原告张德怀的其他诉讼请求。

【法官后语】

近年来随着社会经济的发展和农民经济收入的不断提高，农村新建或改建房屋越来越多。因农村建房的资金、规模和利润较小，正规建筑公司通常不愿承建，而往往被一些具有一定建筑施工经验但无相应资质的工匠承建。一旦出现伤亡事故引发损害赔偿纠纷，如何界定各方的民事责任成为十分棘手的问题。

具体到本案中，原告张德怀作为被告张鹏修雇请的泥工在从事雇佣活动中受伤，依照《最高人民法院关于审理人身损害赔偿案件适用法律若干问题的解释》（下称《解释》）第十一条第一款规定，“雇员在从事雇佣活动中遭受人身损害，雇主应当承担赔偿责任……”这是一种无过错责任。据此，张鹏修无论是否存在过错，都应承担雇主责任。该条第二款又规定，“雇员在从事雇佣活动中因安全生产事故遭受人身损害，发包人、分包人知道或者应当知道接受发包或者分包业务的雇主没有相应资质或者安全生产条件的，应当与雇主承担连带赔偿责任。”据此，作为工程发包方，连某勤知道接受发包的张鹏修无相应资质而发包，主观上存在一定过失，也应当与雇主张鹏修一起承担连带赔偿责任。鉴于二者承担责任的归责原则不同，这种连带责任属于不真正连带责任。

至于雇员是否承担责任，《解释》第二条规定，“受害人对同一损害的发生或者扩大有故意、过失的，依照《民法通则》第一百三十一条的规定，可以减轻或者免除赔偿义务人的赔偿责任。但侵权人因故意或者重大过失致人损害，受害人只有一般过失的，不减轻赔偿义务人的赔偿责任。适用《民法通则》第一百零六条第三款规定确定赔偿义务人的赔偿责任时，受害人有重大过失的，可以减轻赔偿义务人的赔偿责任。”亦即，受害人是否承担责任，赔偿义务人的赔偿责任是否减轻（或免除），得视归责原则具体问题具体分析。当对赔偿义务人适用过错责任原则归责时，一般情况下，受害人对损害发生或扩大具有故意或过失，都可以减轻或免除，只是在侵权人存在故意或重大过失而受害人一般过失的情况下不减轻。当对赔偿义务人适用无过错责任原则归责时，受害人重大过失方可减轻赔偿义务人的赔偿责任。当然，我们可以按照“举其轻而明其重”的原则得出推论，受害人故意造成损害也可减轻赔偿义务人的赔偿责任。应当说，《解释》第二条符合《民法通则》的立法本意，但客观上却给司法实践带来一定困难。因为要判断受害人的过失是否重大，以及受害人过失与侵权人过失谁更大，本身就是一个很难把握的命题。基于此，《侵权责任法》第二十六条规定，“被侵权人对损害的发生也有过错的，可以减轻侵权人责任。”第三十五条规定，“提供劳务一方因劳务自己受到损害的，根据双方各自的过错承担相应的责任”。这就把前述复杂的问题直接转化为双方各自过错大小的问题，适用起来更加简单方便。具体到本案中，张德怀在张鹏修明确告知施工期间不能喝酒的情况下仍然喝酒施工，对其自身的损害也存在一定过错，且损害后果与喝酒施工存在一定因果关系，因此雇员张德怀自己也应当承担责任。由于原告在本案中也存在过错，可适当减轻被告的赔偿责任。

编写人：四川省成都市蒲江县人民法院　黄晓军

21

雇员受害，雇主赔偿如何确定

——周爱琴诉董银山提供劳务者受害责任案

【案件基本信息】

1. 裁判书字号

新疆维吾尔自治区石河子市人民法院（2014）石民初字第2980号民事判决书

2. 案由：提供劳务者受害责任纠纷

3. 当事人

原告：周爱琴

被告：董银山

【基本案情】

被告董银山在石河子市石河子镇五宫村平房×××号开设一轧棉花作坊。2013年12月24日，原告及丈夫王某明经人介绍为被告董银山从事轧花短绒加工劳务工作。2014年1月1日，原告在工作过程中，发现轧花机堵塞，遂用木棒疏通，在疏通过程中木棒被甩到一边，原告的衣袖被卷进机器内，致使原告昏迷，受伤。后原告被送往石河子大学医学院第一附属医院治疗。经诊断：上肢开放性骨折；上肢皮肤缺损；眼帘挫伤；出血性休克；上肢肌肉和肌腱损伤；上肢神经损伤；上支血管损伤；腕手部指伸肌和肌腱损伤；肱骨大结节骨折；头皮后天性缺失；脑震荡。2014年1月7日，原告出院。原告住院7天，期间住院费全部由被告董银山支付。2014年1月10日，经被告指定，原告前往浙江省缙云县田氏伤科医院继续住院治疗。2014年5月28日，原告出院。原告住院139天，期间，住院费全部由被告董银山支付。原告在住院期间及出院后进行门诊检查，花费交通费200元。

2014年7月3日，原告委托新疆天羽司法鉴定所对其伤残程度、误工期、护理期、营养期进行评定。2014年7月6日，新疆天宇司法鉴定所作出（2014）鉴字第183号法医学司法鉴定书。鉴定意见：周爱琴的损伤程度分别为八级、九级、十级、十级；误工期250天；护理期200天；营养期200天。原告花费鉴定费2400元。

另查明：1. 新疆生产建设兵团2013年度在岗职工平均工资为44043元，农牧工家庭人均纯收入为14313元。2. 原告在事故发生前在石河子市石河子镇五宫村居住生活。

【案件焦点】

被告董银山如何承担赔偿责任。

【法院裁判要旨】

新疆维吾尔自治区石河子市人民法院认为：《中华人民共和国侵权责任法》第三十五条规定："个人之间形成劳务关系，提供劳务一方造成他人损害的，由接受劳务一方承担侵权责任。提供劳务一方因劳务自己受到损害，根据双方各自的过错承担相应的责任。"本案中，被告董银山与原告之间建立雇佣关系，原告作为被告董银山的雇员，在从事雇佣活动中因安全生产事故遭受人身损害，被告董银山应承担赔偿责任。

工作过程中，原告在没有确保自身安全的情况下，疏通被堵塞的轧花机器，造成自身受伤，其行为具有一定的过错，应当减轻雇主被告董银山的赔偿责任，其对自己的损失应负10%的责任。被告董银山在未对原告进行安全培训的情况下，对原告在雇佣过程中受伤，其行为具有重大过错，应当对原告的损失负90%的赔偿责任。

根据本案查明的事实，本院原告的损失确定如下：

一、住院伙食补助费，原告先后两次住院，合计144天（7天+137天），参照国家机关一般工作人员的出差伙食补助标准，本院对原告的住院伙食补助费确定为3600元（25元/天×137天）。

二、营养费，根据法律规定，营养费根据受害人伤残情况参照医疗机构的意见确定。本案中，原告伤残等级为八级、九级、十级、十级，原告要求营养期200天，并无不妥，本院对原告的营养费确定为3000元（200天×15元/天）。

三、误工费，根据原告的伤残情况，结合法医学司法鉴定书，原告要求误工期250天，适当，参照2013年度新疆生产建设兵团在岗职工平均工资标准，原告的误工费为30116.44元（44043元/年÷365天×250天），原告仅要求29452元，本院无异议。

四、护理费，根据原告的伤情及伤残部位等实际情况，原告在住院期间及出院后一定期限内，确需护理，原告主张的护理期200天，本院予以认定，根据原告亲属护理的实际情况，参照新疆生产建设兵团2013年度在岗职工平均工资，原告的护理费为24133.15元（44043元/年÷365天×200日），原告仅要求23561元，本院亦无异议。

五、残疾赔偿金，根据原告在事故发生时的经常居住地、实际居住并生活地为石河子市石河子镇五宫村，故原告要求按照石河子市区城镇居民标准计算残疾赔偿金的请求，本院不予支持。因原告构成伤残登记为八级、九级、十级、十级，参照新疆生产建设兵团2013年度农牧工家庭纯收入，原告的残疾赔偿金为97328.40元（14313元/年×20年×34%）。

六、法医鉴定费，该项费用系原告在诉讼中实际产生的费用，本院对原告主张的法医鉴定费2400元予以认定。

七、交通费，原告在住院期间及出院后门诊检查，确需花费一定的交通费用，原告主张200元，符合情理，本院予以认定。

上述第一项至第七项合计159541.40元（3600元+3000元+29452元+23561元+97328.40元+2400元+200元），被告董银山应当赔偿143587.26元（159541.40元×90%）。

八、精神抚慰金，受害人造成伤残的，赔偿义务人应当赔偿受害人精神损害抚慰金。原告因此次事故造成八级、九级、十级、十级伤残，给原告的身心健康和正常生活带来很大影响，其精神上也遭受了很大的伤害，原告要求被告赔偿精神损害抚慰金的请求符合情理，但具体数额应根据原告的伤情、受伤害程度及加害人的过错、加害行为所造成的后果、本地区平均生活水平等因素，本院对原告的精神损害抚慰金综合酌定8000元为宜，该损失应当由被告董银山负责赔偿。

综上所述，依照《中华人民共和国侵权责任法》第六条、第三十五条、第十一条，《最高人民法院关于审理人身损害赔偿案件适用法律若干问题的解释》第十一条第一款、第十七条第一款、第二款、第二十条第一款、第二款、第三款、第二十一条第一款、第二款、第三款、第二十二条、第二十三条第一款、第二款、第二十四条、第二十五条第一款，《最高人民法院关于确定民事侵权精神损害赔偿责任若干问题的解释》第十条第一款、第十一条之规定，判决如下：

一、被告董银山赔偿原告周爱琴损失 143587.26 元；

二、被告董银山赔偿原告周爱琴精神损害抚慰金 8000 元；

以上款项，合计 151587.26 元，被告董银山于本判决生效之日起十五日内给付原告周爱琴。

本案受理费 4745 元，其他诉讼费用 90 元，合计 4835 元（原告已预交），由被告董银山负担 3800 元，剩余诉讼费用 1035 元，由原告周爱琴自行负担。

判决书送达后，原被告双方均未上诉。

【法官后语】

劳务者受害责任，是指个人之间存在劳务关系的前提下，提供劳务者因劳务活动而受到伤害，在提供劳务者向接受劳务一方主张损害赔偿时，由双方根据各自的过错程度承担相应的民事责任。

本案中，原告周爱琴为被告董银山提供劳务，双方形成了雇佣关系，原告在提供劳务时衣袖被卷入机器内造成上肢受伤，对原告的经济损失，被告董银山应当承担赔偿责任，因原告在该事件中也存在一定过错，故应当减轻被告的赔偿责任，根据本案案情，酌定被告董银山承担 90% 的民事责任，原告对自己的损失自行承担 10% 的民事责任。

《最高人民法院关于审理人身损害赔偿案件适用法律若干问题的解释》第十一条规定，雇员在雇佣活动中遭受人身损害的，雇主承担无过错赔偿责任，不存在雇员过错减轻或者免除雇主责任的情况。但 2010 年 7 月 1 日施行的《侵权责任法》第三十五条规定："个人之间形成劳务关系，提供劳务一方因劳务造成他人损害的，由接受劳务一方承担侵权责任。提供劳务一方因劳务自己受到损害的，根据双方各自的过错承担相应的责任。"其中，将雇主、雇员称呼去掉了，无疑是扩大了雇佣关系的范围，明确了提供劳务一方因劳务自己受到损害的，根据双方的过错承担相应的责任。该规定无疑是减轻了接受劳务者的赔偿责任。

接受劳务者在劳务关系中作为劳务活动的组织者、指挥者、监督者和风险的防控者，对提供劳务者的活动应负有安全注意和劳动保护的义务，对提供劳务者的职业活动提供必需的保障是接受劳务者的责任，因为只有接受劳务者才能在某种程度上控制和防范这种风险。在实践中，接受劳务者一般都缺乏必要的安全设备，很少或者不对提供劳务者进行安全生产教育。接受劳务者的上述过错，是造成提供劳务者受伤乃至死亡的主要原因。因此，法院判决接受劳务者承担相对较重的法律责任，符合社会利益平衡原则。因此，在划分责任时，接受劳务者一般是应当承担主要责任的。而提供劳务者作为社会底层的弱势群体，他们在提供劳务过程中自身受到伤害的情形非常普遍，一般情况下，提供劳务者本人基本都存在对自己安全注意不够的过错，应自负相应的责任。在司法实践中，法院在审理提供劳务者受害责任纠纷案件中，应当考虑他们处于社会底层，来自农村，文化程度较低，自身注意义务能力较弱等诸多因素，只要他们尽了一定的注意义务即可认定提供劳务者没有过错。只有一般过失或者重大过失时才能减轻接受劳务者的民事责任。

编写人：新疆维吾尔自治区石河子人民法院　杜世成

22

雇员自身过错亦应承担责任

——贺西杰诉桑胜乾提供劳务者受害责任案

【案件基本信息】

1. 裁判书字号

北京市海淀区人民法院（2014）海民初字第6806号民事判决书

2. 案由：提供劳务者受害责任纠纷

3. 当事人

原告：贺西杰

被告：桑胜乾

【基本案情】

贺西杰与桑胜乾系老乡关系。贺西杰曾于2002年前后三四年间，在北京务工，从事建筑、装修施工等工作。自2013年10月16日起，贺西杰跟随桑胜乾在位于海淀区清河桥西的清河嘉园回迁房施工项目进行消防项目的穿线、接线工作，双方约定由桑胜乾每日支付贺西杰150元作为报酬。贺西杰、桑胜乾二人陆续完成了清河嘉园13号楼1层至15层烟感器的接线工作。2013年11月29日，贺西杰与桑胜乾在清河嘉园13号楼4层配电室内进行烟感器线路修补工作时，因贺西杰站立的梯子滑倒致贺西杰在距地面不到1米处摔落。后桑胜乾将贺西杰送往北京市红十字会急诊抢救中心，临床诊断为腰2椎体压缩骨折。后因北京积水潭医院无床位，桑胜乾于2013年11月30日凌晨将贺西杰送往中国人民武装警察部队北京市总队第二医院（以下简称武警第二医院），住院治疗至2013年12月10日。其间，贺西杰经诊断为腰2椎体爆裂骨折，并进行腰2椎体切复内固定术。2013年12月10日，贺西杰出院，医嘱建议事项：全休1个月，住院期间陪护1人，全休期间陪护一人；腰部支具保护3个月；加强肢关节功能练习；伤口定期换药，视情况于术后2周拆线；增强饮食营养；口服舒筋活血药物及消炎药治疗；定期1个月复查X光，不适随诊。截至2014年1月10日，贺西杰共计支出医疗费88700元，其中桑胜乾已垫付医疗费47000元。

2014年1月10日，贺西杰之子贺某立作为代理人与桑胜乾签署了《事发经过》文字材料一份，内容为“桑胜乾于2013年10月16日起雇贺西杰在北京市海淀区清河桥往西500米的工地施工，贺西杰在该工地做电工，日工资150元。2013年11月29日下午17点左右，正在工地施工的贺西杰突然从梯子上摔下来，桑胜乾把贺西杰送往北京市红十字会急诊抢救中心，经初步诊断为：腰2椎体压缩骨折，大夫说让去积水潭医院手术，因积水潭医院没有床位，后桑胜乾将贺西杰送往中国人民武装警察部队北京市总队第二医院住院，该院确诊为：腰2椎体爆裂骨折，后行腰2椎体切复内固定术（第一次手术，钢板固定，第二次手术要经过两年左右的时间才能进行），期间，桑胜乾曾支付贺西杰部分医疗费，剩余的41700元的医疗费未付。2014年1月10日，贺西杰之子贺某立与桑胜乾来到北京市创然律师事务所，就上述事件赔偿相关问题请求调解，双方认可以上内容属实并分别签字确认。”桑胜乾虽认可上述协议的真实性，但主张自己系在被迫情况下签署，且未就此陈述向本院提交相应证据。

审理中，贺西杰就其所述系桑胜乾碰倒梯子导致摔伤及桑胜乾主张已对贺西杰进行安全教育、贺西杰曾坐在梯子上施工的事实均未提供证据，且彼此对对方所述均不予认可。

【案件焦点】

提供劳务者在提供劳务过程中受到损害，如果确定各自责任。

【法院裁判要旨】

北京市海淀区人民法院经审理认为：公民的身体权受法律保护。个人之间形成劳务关系，提供劳务一方因劳务自己受到损害的，根据双方各自的过错承担相应的责任。本案中，贺西杰按照桑胜乾的要求提供劳务，桑胜乾按日向贺西杰支付劳务费用，双方形成劳务雇佣关系。桑胜乾作为雇主，对其雇员在劳务活动中所受到的损伤负有一定的责任，并就其经济损失的合理部分予以赔偿。贺西杰作为有多年建筑施工经验的人员，且参与了其他楼层的烟感器安装工作，其对从事劳务活动中所出现的危险应有所预见，然而贺西杰自身疏忽导致其摔伤，故贺西杰亦应承担相应的民事责任。本院认定双方对此次事故各承担50%的责任。贺西杰、桑胜乾各述摔伤原因及安全教育、操作不当一节均未提供证据，且双方确认的摔伤经过亦无体现，故本院对此均不予采信。贺西杰主张的医疗费、住院伙食补助费，具备事实及法律依据，本院对此予以支持。误工费及护理费的计算期间应依医嘱，故本院认定的误工、护理期间为住院及全休期间。贺西杰未就其主张的误工费、护理费、营养费、交通费向本院提交相应证据，但据医嘱，贺西杰受伤后确需要休息、照顾并增加营养，且摔伤入院、出院、后续诊疗确需支付一定的交通费用，故本院对上述费用酌情予以判定。上述本院支持的赔偿项目，桑胜乾应按其责任比例在扣除已垫付的医疗费后向贺西杰赔付。

北京市海淀区人民法院依据《中华人民共和国侵权责任法》第十六条、第三十五条之规定，作出如下判决：

一、桑胜乾赔偿贺西杰医疗费人民币44350元、住院伙食补助费人民币250元、误工费人民币3000元、护理费人民币920元、营养费人民币1500元、交通费人民币400元，上述共计人民币50420元，扣除桑胜乾已垫付的人民币47000元，余款人民币3420元于本判决生效后七日内付清；

二、驳回贺西杰的其他诉讼请求；

案件受理费983元，由贺西杰负担958元，已交纳；由桑胜乾负担25元，于本判决生效后七日内交纳。

【法官后语】

现实生活中，雇佣保姆、小时工，或雇佣建筑工人等形成的劳务关系中，常有侵权问题产生。针对此类侵权问题的解决，《侵权责任法》第三十五条规定“个人之间形成劳务关系，提供劳务一方因劳务造成他人损害的，由接受劳务一方承担侵权责任。提供劳务一方因劳务自己受到损害的，根据双方各自的过错承担相应的责任”。审判实践中，在对提供劳务者受害责任纠纷案件进行认定时，应注意以下几个问题：

1. 提供劳务者受害应“因劳务”产生

接受劳务一方并非对提供劳务一方受到的所有损害承担责任，而是针对提供劳务一方在完成雇主要求工作的过程中产生的损害承担责任。在审判实践中，应首先判断提供劳务者受到损害是否在完成工作的过程中产生，即是否与提供劳务有关联。依据《最高人民法院关于审理人身损害赔偿案件适用法律若干问题的解释》第九条第二款的规定“前款所称‘从事雇佣活动’，是指从事雇主授权或者指示范围内的生产经营活动或者其他劳务活动。雇员的行为超出授权范围，但其表现形式是履行职务或者与履行职务有内在联系的，应当认定为‘从事雇佣活动’。”所以在判断时，应结合受损害事实发生地点、产生原因及过程，判断损害是否系因劳务产生。

2. 注意归责原则在法律规定上的变化

依据《最高人民法院关于审理人身损害赔偿案件适用法律若干问题的解释》第十一条“雇员在从事雇佣活动中遭受人身损害，雇主应当承担赔偿责任”之规定，该条所体现出来的归责原则是无过错责任原则，即雇员在提供劳务过程中受到损害的雇主应承担责任，而无需考虑雇员在提供劳务过程中是否存在过错。而《侵权责任法》第三十五条的规定实际改变了上述规定，明确了提供劳务一方在自身存在过错时，亦应对自身的过错行为承担相应责任。故在审判实践中，应依据《侵权责任法》的相关规定进行处理。

3. 判断提供劳务一方和接受劳务一方的各自过错程度的因素

审判实践中，针对提供劳务一方的过错程度可以考虑以下因素：提供劳务一方的工作经历；此前的工作内容及是否与受损害工作内容相关；是否具备相应工作经验；提供劳务时是否符合相应的操作规范；是否积极学习安全知识等因素。

接受劳务一方的过错程度可以考虑以下因素：是否对提供劳务一方进行了安全教育；是否对劳务工作风险预计；是否采取了必要的安全措施及安全设施提供是否完备；安排劳务工作内容、强度是否不当；安排劳务工作人数是否不当等。

本案中，贺西杰按照桑胜乾的要求提供劳务，桑胜乾按日向贺西杰支付劳务费用，双方形成雇佣关系。考虑到贺西杰作为有多年建筑施工经验的人员且参与了其他楼层的烟感器安装工作，其对从事劳务活动中所出现的危险应有所预见，故认定其应自行承担50%的责任。

编写人：北京市海淀区人民法院　刘雪琳

23

提供劳务者受害责任应当如何分配与承担

——何淑芳诉阳秀梅等提供劳务者受害责任案

【案件基本信息】

1. 裁判书字号

四川省眉山市中级人民法院（2014）眉民终字第77号民事判决书

2. 案由：提供劳务者受害责任纠纷

3. 当事人

原告（上诉人）：何淑芳

被告（被上诉人）：阳秀梅、康坤成

【基本案情】

康坤成欲购买阳秀梅的废铁，因需搬运工人，遂约定双方各找两人一起装卸。2012年10月12日上午7点，康坤成通知的张某某，汪某某二人到达装卸点，未见其他搬运工人，便对康坤成的儿子康某说："按惯例装车须5人，否则不能按照完成"。经等待一段时间后，阳秀梅仍未带有装卸工人前来，康某安排张某某再找两人来装货。张某某叫来了周某某、何淑芳，四个人一起搬运废铁。装卸过程中，康坤成、阳秀梅均在场。11点左右，何淑芳在搬运废铁过程中不慎从装货的跳板上掉下。其后，何淑芳被送往彭山县人民医院治疗，住院6天，何淑芳共支付医疗费2331.52元。出院诊断：1. 双桡骨远端粉碎性骨折。2. 左上唇挫裂伤（术后）。3. 左面框部血肿。出院医嘱：1. 继续门诊康复治疗，复诊随访，小夹板外固定6－8周。2. 2月时间内患肢禁负重，出院后1周，1、2、3月行CR复查至骨折愈合。3. 加强营养，注意休息。2013年3月18日，何淑芳自行委托眉山公信司法鉴定中心对其伤残进行鉴定，支付鉴定费700元。2013年6月25日，为查明伤情需要，何淑芳向一审法院申请重新鉴定。2013年8月7日，经四川福森特司法鉴定所鉴定何淑芳伤残等级为8级。何淑芳支付鉴定费1300元。

另查明，2012年10月12日下午，康坤成支付张某某、汪某某当天搬运废铁劳务费各80元；阳秀梅将周某某、何淑芳的劳务费共计140元交与周某某。其后周某某将其中70元劳务费转交给何淑芳。

何淑芳系农村户口。2012年四川省农村居民人均纯收入7001元。

康某系康坤成之子，事故当天康某为其父康坤成到杨秀梅的废旧收购站搬运废铁。事故发生时康某、阳秀梅均在场。

【案件焦点】

1. 雇主应如何确定；2. 两个以上雇主雇佣劳动者参与劳务活动，未约定责任分担，发生损害时是否应承担连带赔偿责任。

【法院裁判要旨】

四川省彭山县人民法院经审理认为：由于二被告之间对该装卸责任未明确分工，故原告何淑芳、张某某、汪某某、周某某四人应属共同为二被告的买卖废铁装卸事宜务工，二被告各支付两个人的劳务费，原告何淑芳与二被告之间形成雇佣关系。根据《最高人民法院关于审理人身损害赔偿案件适用法律若干问题的解释》第十一条之规定，作出如下判决：

一、被告阳秀梅、康坤成于本判决书生效之日起十日内赔偿原告何淑芳在提供劳务过程中受伤致残所产生的医疗费、误工费、护理费、住院伙食补助费、营养费、残疾赔偿金、鉴定费、交通费、精神抚慰金共计50766元，二被告承担连带清偿责任。

二、驳回原告何淑芳的其他诉讼请求。

康坤成持原审答辩意见提起上诉。眉山市中级人民法院经审理认为：康坤成与杨秀梅因买卖废铁的上车事宜先约定各雇佣两人一同装卸。康坤成之子康某叫张某某联系周某某及何淑芳来做工。事后，康坤成支付张某某、汪某某劳务费；阳秀梅支付周某某、何淑芳劳务费。由于康坤成、阳秀梅之间对废铁的装卸责任无明确的约定，相互的分工不明，故何淑芳、张某某、汪某某、周某某系共同为康坤成、阳秀梅之间买卖废铁的装卸事宜务工，由康坤成、阳秀梅支付两个人的劳务费。因此，何淑芳与康坤成、阳秀梅之间形成了雇佣关系。何淑芳在为康坤成、阳秀梅提供劳务的过程中受伤，应由康坤成、阳秀梅承担连带赔偿责任。康坤成在用工时选用已年迈的何淑芳，没有采取必要的安全防范措施，造成事故应当依法承担赔偿责任。上诉人康坤成主张其与何淑芳不存在雇佣关系，其无过错不应承担赔偿责任与事实和法律规定不符，本院不予支持。上诉人的上诉理由不能成立，本院不予支持。原判认定事实清楚、适用法律正确。依照《中华人民共和国民事诉讼法》第一百七十条第一款第（一）项之规定，判决如下：

驳回上诉，维持原判。

【法官后语】

本案中，原告何淑芳提供了劳务，被告阳秀梅支付了原告何淑芳的劳动报酬，阳秀梅系何淑芳的雇主，但被告康坤成是否为原告的雇主，这是本案争论的焦点问题。根据本案所查明的事实，二被告在事先并未明确约定所雇佣的四人系受谁雇佣，谁给付谁的工资，装卸责任无明确的约定，相互的分工不明。故包括原告在内的四人系同时受雇于二被告，二被告系原告的共同雇主。根据《最高人民法院关于审理人身损害赔偿案件适用法律若干问题的解释》第十一条：“雇员在从事雇佣活动中遭受人身损害，雇主应当承担赔偿责任……”。何淑芳在为康坤成、阳秀梅提供劳务的过程中受伤，理应由康坤成、阳秀梅承担连带赔偿责任。从本案中，我们可以看出，在雇佣他人从事劳务活动中，并不能以谁支付了劳务者工资便简单的确定谁就是雇主，而不对其他主体及事宜进行审查。应该认真地查明整个事件的事实，以双方事先的约定、分工、劳务报酬支付等情况综合分析，最终确定雇主问题。从本案我们可以看出，在两个以上的雇主雇佣劳务者共同参与雇佣活动中，应明确确定各自的雇员，并确定相应的责任分工及劳动报酬支付等情况。如约定不明，当雇员在从事雇佣活动中造成自己受伤，多位雇主可能将承担连带赔偿责任的风险。

编写人：四川省眉山市彭山区人民法院　吴伟

24

因故意或过失提供劳务者受害责任应如何分担

——张士利诉李景立提供劳务者受害责任案

【案件基本信息】

1. 裁判书字号

山东省东营市河口区人民法院（2014）河民初字第1004号民事判决书

2. 案由：提供劳务者受害责任纠纷

3. 当事人

原告：张士利

被告：李景立

【基本案情】

2014年初，被告李景立雇佣原告张士利从事房屋建筑及折迁工作。2014年2月23日14时许，原告在拆除一栋平房的山墙时，从下向上拆除，被倒塌的山墙砸伤。原告受伤后被送往东营合德医院治疗，2014年2月23日至2014年3月21日原告在东营市胜利石油管理局胜利医院住院治疗26天，被诊断为骨盆骨折并耻骨联合分离、左侧肱骨干骨折、尿道断裂，发生门诊费2045元、医疗费87255.10元，上述合计89300.10元。此后，原告于2014年3月22日转至临沂市人民医院继续治疗，住院时间为2014年3月22日至2014年5月21日计60天，发生医疗费51905.07元；2014年6月1日至2014年6月13日计12天，发生住院医疗费5040.43元，2014年6月13日临沂市新型农村合作医疗报销医疗费金额1955.8元，原告实际花费医疗费为3084.63元。同时，在住院期间产生门诊费1460.96元，病历复印费63元。原告在临沂市人民医院的费用为（51905.07元+5040.43元+1460.96元+63元-1955.8元）56513.66元。因伤后发热，原告于2014年6月24日至2014年7月5日在兰陵县中医院住院治疗11天，发生医疗费4861.77元，复印费4元，上述费用合计61379.43元。原告住院期间由其女婿万某存陪护，万某存系城镇户口。2014年9月17日原告张士利单方委托临沂沂蒙法医司法鉴定所对其伤残、护理依赖程度及二期手术费用进行鉴定。2014年9月20日临沂沂蒙法医司法鉴定所作出沂蒙司鉴所【2014】临鉴字第1793号司法鉴定意见书。该鉴定结论为：评定原告张士利的损伤构成五级伤残，护理依赖程度为部分护理依赖，二期手术等后续治疗费用预计需15000元，发生鉴定费1510元。原告主张残疾赔偿金89208元（10620元×14×60%）、伤残护理费197848元（28264元×14年×50%）、后续治疗费15000元。

另查明，被告李景立为原告张士利垫付门诊费2045元、医疗费87255.10元，计89300.10元，原告在其诉讼请求中未主张以上费用。另外，被告为原告垫付医疗费20000元。

【案件焦点】

1. 提供劳务一方是否存在故意或重大过失行为；2. 提供劳务一方若存在故意或重大过失行为，接受劳务一方可否免责。

【法院裁判要旨】

山东省东营市河口区人民法院经审理认为：公民的生命健康权依法应予保护。原告张士利在提供劳务的过程中遭受伤害，接受劳务的被告李景立依法应当承担相应的民事赔偿责任。但原告作为完全民事行为能力人，从事拆墙工作时应当知道拆墙的常识，应当注意自身安全，因此，其对自身受到的伤害存在过错，应当适当减轻被告李景立的赔偿责任。

原告在东营市胜利石油管理局胜利医院、临沂市人民医院、兰陵县中医院产生医疗费为150612.53元，被告主张原告提交的2014年9月17日在临沂市人民医院所发生的费用116元应当属于鉴定费，是因为做鉴定发生的费用，该费用是原告在临沂市人民医院住院期间产生，应属于住院治疗费，对被告主张不予支持；被告主张原告于2014年11月5日、2014年10月8日分别在临沂市人民医院发生的费用83.6元、1062.6元，于2014年9月27日、2014年11月7日、2014年10月28日分别在兰陵县中医院产生的费用20元、25.2元、31.21元，上述共计1222.61元，属于后续治疗费，因为发生在司法鉴定以后。被告虽主张以上费用发生在司法鉴定后应属于后续治疗费，但该笔费用已经发生且原告已经支付，该笔费用应属于实际产生的治疗费，被告的该项主张本院不予支持；被告主张为原告垫付医疗费87255.10元，门诊费2045元，合计89300.10元，原告对此无异议，本院予以支持。原告的医疗费为61379.43元，被告已为其垫付20000元，原告对此无异议，本院予以认可。原告住院治疗109天，住院伙食补助费3270元，事实清楚，证据充分，本院予以支持；原告主张其住院期间由女婿护理，被告虽对万某存的身份有异议，但未提供证据予以反驳，原告具有自由选择护理人员的权利，不违反法律规定，本院予以认可。从原告提交的身份证明看，护理人员万某存应为城镇居民，其实际发生的护理费应为8440.48［（26+60+12+11）天×28264/365元］元。原告系农村居民，部分护理依赖，其伤残护理费为74340元（10620元×14年×50%），原告主张伤残护理费为197848元，证据不足，且与其对残疾赔偿金主张的计算方法相悖，因此原告的该项主张，本院不予支持。原告主张交通费1333元，结合原告就医地点、时间、人数、次数等因素，本院予以支持；被告主张已支付原告3600元交通费，但提交的收条非原告所签，不能证明被告已支付交通费，被告的主张本院不予支持。原告主张鉴定费1510元，被告虽对鉴定费票据真伪不清楚，该费用系原告法医鉴定支付的必要费用，本院予以支持。原告主张病历复印费67元，该费用系原告索赔支付的必要费用，符合法律规定，本院依法予以支持。被告虽主张已支付原告3000元生活费，但未提供相关证据予以支持，本院不予认可。被告主张原告的鉴定伤残级别过高且为单方委托，对此有异议，但被告未提出重新鉴定申请，也未提供相反证据证明，本院不予支持。原告主张残疾赔偿金为89208元，符合法律规定，证据充分，本院予以支持。由于在庭审中原告对后续治疗费主张待实际发生后另行起诉，符合法律规定，本案对此不作处理。原告虽主张精神损害抚慰金29104.64元，但根据侵权人的过错程度、损害后果及侵权人的经济能力，本院认为原告的精神损害抚慰金以5000元为宜。原告主张的停车费、纸品费，没有事实和法律依据，本院不予支持。

山东省东营市河口区人民法院依照《侵权责任法》第六条、第十五条第一款第（六）项、第二十六条、第三十五条，《最高人民法院关于审理人身损害赔偿案件适用法律若干问题的解释》第十七条、第十八条、第十九条、第二十一条、第二十二条、第二十三条、第二十五条，《最高人民法院关于确定民事侵权精神损害赔偿责任若干问题的解释》第八条第二款、第十条、第十一条，判决如下：

一、被告李景立于本判决生效后十日内赔偿原告张士利医疗费150612.53元、住院伙食补助费3270元、护理费8440.48元、残疾赔偿金89208元、残后护理费74340元、鉴定费1510元、交通费1333元、复印费67元、精神损害抚慰金5000元，以上共计333781.01元的90%即300402.91元，扣除被告为原告垫支的医疗费109300.10元为191102.81元；

二、驳回原告张士利的其他诉讼请求。

【法官后语】

《中华人民共和国侵权责任法》第三十五条规定："个人之间形成劳务关系，提供劳务一方因劳务造成他人损害的，由接受劳务一方承担侵权责任。提供劳务一方因劳务自己受到伤害的，根据双方各自的过错承担责任。"即提供劳务一方因劳务致使自己受到伤害，适用过错责任，即根据提供劳务一方和接受劳务一方各自的过错承担相应的责任。提供劳务一方在提供劳务的过程中遭受了人身损害也有自身存在过错的情况，对此提供劳务一方也应担负一定的责任，完全由接受劳务一方承担责任也显失公平。《民法通则》第一百三十一条规定："受害人对于损害的发生也有过错的，可以减轻侵害人的民事责任。"《最高人民法院关于审理人身损害赔偿案件适用法律若干问题的解释》（以下简称《人身损害赔偿解释》）第二条规定："受害人对同一损害的发生或者扩大有故意、过失的，依照《民法通则》第一百三十一条的规定，可以减轻或者免除赔偿义务人的赔偿责任。但侵权人因故意或者重大过失致人损害，受害人只有一般过失的，不减轻赔偿义务人的赔偿责任。适用《民法通则》第一百零六条第三款规定确定赔偿义务人的赔偿责任时，受害人有重大过失的，可以减轻赔偿义务人的赔偿责任。”《侵权责任法》第二十六条也规定：“被侵权人对损害的发生也有过错的，可以减轻侵权人的责任。”第二十七条规定：“损害是因受害人故意造成的，行为人不承担责任。”根据上述规定，如果提供劳务一方因故意或重大过失致自己受到伤害，则可以免除或者减轻接受劳务一方的赔偿责任；如果提供劳务一方只是存在一般过失，则不减轻接受劳务一方的赔偿责任。但为防止利益失衡，提供劳务一方的过失不能与接受劳务一方的过失全部相抵，除非有确凿证据证明系提供劳务一方故意自伤自杀行为，否则接受劳务一方不得免责。而《人身损害赔偿解释》第十一条规定：“雇员在从事雇佣活动中遭受人身损害，雇主应当承担赔偿责任”。可见《人身损害赔偿解释》对此采用的归责责任是无过错责任，即只要雇员在从事雇佣活动中遭受人身损害，雇主则应当承担赔偿责任，而无须问雇员是否存在过错。在解释本条时，因注意上述区别。实际上，本条已经取代了《人身损害赔偿解释》第十一条规定的内容，在今后的审判实践中，如遇到此类问题，应根据本条规定处理。

公民的生命健康权依法应予保护。本案原告张士利在提供劳务的过程中遭受伤害，接受劳务的李景立依法应当承担相应的民事赔偿责任。但原告作为完全民事行为能力人，从事拆墙工作时应当知道拆墙的常识且应当注意自身安全，因此，其对自身受到的伤害存在过错，应当适当减轻被告李景立的赔偿责任。

编写人：山东省东营市河口区人民法院　房丽静

25

受雇驾驶员在交通事故中受伤被认定负全部责任，雇主仍需对其遭受的损害承担民事赔偿责任

——唐晓峰诉舒正蓉提供劳务者受害责任案

【案件基本信息】

1. 裁判书字号

四川省广安市武胜县人民法院（2014）武胜民初字第528号民事判决书

2. 案由：提供劳务者受害责任纠纷

3. 当事人

原告：唐晓峰

被告：舒正蓉

【基本案情】

2012年3月19日，原告受雇于被告驾驶被告所有的川X×××××仓式货车，月工资2700元。2012年5月17日23时58分，原告驾驶该货车由邻水县向广安市广安区方向行驶，当车行驶至沪蓉高速公路1678Km+500m处时，与川R×××××仓式货车追尾相撞，造成原告受伤的道路交通事故。原告唐晓峰受伤后在华蓥市人民医院住院治疗53天后，好转出院。后就赔偿事宜协商未果。现诉至法院，要求被告赔偿医疗费、误工费、残疾赔偿金等费用共计176564.76元（已扣除保险公司已赔付的部分）。被告舒正蓉辩称，原告受伤住院后，被告垫支了医疗费27800元，给付了护理费960元。交通事故是原告负全部责任，因此被告不该赔偿。

【案件焦点】

受雇驾驶员在交通事故中受伤被认定负全部责任，雇主能否以此为由进行抗辩而不对受雇驾驶员遭受的损害承担民事赔偿责任。

【法院裁判要旨】

四川省武胜县人民法院经审理认为：原告是被告雇佣的驾驶员，原告驾驶被告所有的川 X×××××中型仓栅式货车在行驶过程中发生交通事故致原告受伤，原告为提供劳务的一方，被告为接受劳务的一方，原、被告之间形成了劳务关系。根据《中华人民共和国侵权责任法》第三十五条之规定“个人之间形成劳务关系，提供劳务一方因劳务造成他人损害的，由接受劳务一方承担侵权责任。提供劳务一方因劳务自己受到损害的，根据双方各自的过错承担相应的责任”。本案中，原告在给被告驾驶车辆提供劳务过程中遭受到身体损害是双方不争的事实，因此作为接受劳务一方的被告理应对提供劳务一方的原告承担人身损害赔偿责任。原告受伤虽系道路交通事故原因造成，原告对交通事故的发生在主观上并不存在故意，客观上属于违反谨慎驾驶义务的过失行为，虽然公安部门认定原告在事故中负全部责任，但不能据此就认为接受劳务一方对提供劳务者在提供劳务过程中的受害赔偿也应以此为依据，交通事故责任认定书是用于处理交通事故中肇事双方对事故原因所应承担责任的重要依据之一，但所应承担的赔偿责任存在不同的法律关系时，并不是均以此为据。本案系提供劳务者受害责任纠纷，虽交通事故系导致原告受伤的原因，但被告作为接受劳务的一方应当为原告提供安全驾驶的条件，避免提供劳务的一方因疲劳等因素导致注意力不集中而发生交通事故。本案中被告之夫滕某瑞长期跟车，交通事故的发生时间是在 2012 年 5 月 17 日 23 时 58 分，当时被告之夫滕某瑞也在车上，在同车行驶过程中，同样对原告驾驶车辆的行为负有管理责任，有义务提示安全驾驶及避免提供劳务一方存在疲劳驾驶的情形，其应当预见深夜驾驶会引起驾驶员疲劳，滕某瑞未尽足够的提醒义务，存在一定的过错，故被告辩称原告在交通事故中负全部责任其不应当承担赔偿责任的理由不能成立，本院不予采信。原告驾驶车辆在夜间行驶至容易发生危险的路段未保持安全车速，加之临危措施不当的过错行为，该行为是造成交通事故的直接原因，原告在该次交通事故中负全部责任，存在重大过失，对于交通事故的酿成，其负有不可推卸的责任，故应减轻被告的赔偿责任。根据原、被告双方各自的过错程度，对交通事故造成的人身损害，由被告承担 30% 的责任，原告自行承担 70% 的责任。原告因道路交通事故导致的损失认定如下：1. 医疗费 56926.46 元；2. 误工费，住院 53 天，出院医嘱休息 3 个月，因未提供相关长期从事驾驶的证据及收入证明，则按 70 元/天计算，其误工费为 10010

元（70 元/天 ×143 天）；3. 护理费，原告主张 3180 元，符合法律规定。本院予以认可；4. 残疾赔偿金 97473.60 元（20307 元/年 ×20 年 ×0.24）；5. 精神抚慰金 4000 元；6. 住院伙食补助费 1060 元（20 元/天 ×53 天）；7. 交通费 300 元；8. 后续医疗费 1.4 万元，9. 营养费 1060 元（20 元/天 ×53 天）；10. 鉴定费，原告主张鉴定费 1300 元，鉴定费作为举证费用由原告唐晓峰自行承担。原告因交通事故受伤的损失共计 188010.06 元，扣除中华联合财产保险股份有限公司南充中心支公司已赔偿唐晓峰的 10385.3 元，尚有 177624.76 元，由被告承担赔偿 53287.43 元（177624.76 元 ×30%），扣除被告已给付的医疗费 27800 元及护理费 960 元，被告尚应赔偿 24527.43 元，原告自行承担 124337.33 元（177624.76 元 ×70%）。据此，依照《中华人民共和国侵权责任法》第三条、第六条、第十六条、第二十二条、第二十六条、第三十五条之规定，判决如下：

一、被告舒正蓉于本判决生效之日起十日内赔偿原告唐晓峰医疗费、误工费、护理费、住院伙食补助费、营养费、交通费、残疾赔偿金、精神抚慰金等共计 24527.43 元；

二、驳回原告唐晓峰的其他诉讼请求。

【法官后语】

本案处理重点主要在于原告驾驶员在交通事故中受伤负全部责任，被告雇主是否需要承担赔偿责任。

根据《侵权责任法》第三十五条之规定“个人之间形成劳务关系，提供劳务一方因劳务造成他人损害的，由接受劳务一方承担侵权责任。提供劳务一方因劳务自己受到损害的，根据双方各自的过错承担相应的责任”。具体到本案中，虽然公安部门出具了道路交通事故认定书，认定原告在事故中负全部责任，但不能据此就认为接受劳务一方的雇主对提供劳务者在提供劳务过程中的受害赔偿也应以此为依据，即雇主不对其雇员驾驶员承担民事赔偿责任。道路交通事故责任认定书是划分交通事故中肇事当事人过错责任大小、用于处理交通事故中肇事双方对事故原因所应承担责任的重要依据之一，但所应承担的赔偿责任存在不同的法律关系时，并不是均以此为据。被告对损害结果应否承担民事责任，应依据民事法律规范规定的侵权行为与损害结果的直接和间接因果关系及当事人的主观上的过错程度综合分析来认定，而不能单纯因原告负事故全部责任而推定其在民事纠纷中具有完全过错，并对其自身损害结果承担全部责任。

本案系提供劳务者受害责任纠纷，本案原告受被告雇佣，驾驶车辆在夜间行驶至容易发生危险的路段未保持安全车速，加之临危措施不当，该行为是造成交通事故的直接原因，其行为与其自身遭受的损害结果之间具有直接因果关系，且主观上具有重大过失，应对损害结果承担主要责任。原告在交通事故中被认定负全部责任，但原告主观上不存在故意，同时被告作为雇主具有监督、管理的责任，其应当为原告提供安全驾驶的条件，避免提供劳务的一方因疲劳等因素导致注意力不集中而发生交通事故。本案中被告之夫滕某瑞长期跟车，交通事故的发生时间是在2012年5月17日23时58分，当时已是深夜，人本身就容易疲倦，事发当时被告之夫滕某瑞也在车上，在同车行驶过程中，同样对原告驾驶车辆的行为负有管理责任，有义务提示安全驾驶及避免提供劳务一方存在疲劳驾驶的情形，应当预见深夜驾驶会引起驾驶员疲劳而产生交通安全隐患，被告未提供安全驾驶的条件，未尽足够的提醒义务，其行为与损害结果之间具有一定的间接因果关系，对原告损害的发生也有一定的过错，应承担相应的民事责任。故法院根据原、被告双方各自的过错程度，对交通事故造成的人身损害，判决由被告承担30%的责任，原告自行承担70%的责任。

编写人：四川省广安市武胜县人民法院　滕俊贤

26

赔偿人能否免除新型农村合作医疗报销的费用

——张国军诉毛明胜等提供劳务者受害责任案

【案件基本信息】

1. 裁判书字号

广西壮族自治区隆林各族自治县人民法院（2014）隆民一初字第946号民事判决书

2. 案由：提供劳务者受害责任纠纷

3. 当事人

原告：张国军

被告：毛明胜、钟国良、黄卫东

【基本案情】

2013年11月26日，被告钟国良与被告毛明胜签订一份《合同书》，约定被告钟国良将已建好主体位于隆林各族自治县克长乡烂滩村烂滩屯的一栋三层楼房承包给被告毛明胜进行装修，工程价款为25200元，并约定对装修过程中发生的工伤等事故，由被告毛明胜一方承担责任等约定。合同签订后，被告毛明胜召集原告张国军、被告黄卫东、黄某华、张某喜等人对该房屋进行装修施工。2013年12月12日，原告张国军在对被告钟国良要求已披灰完毕且已摘除了手脚支架的外墙不合格处修补施工时，被水泥灰浆掉进入左眼，造成原告左眼受伤。原告受伤后，于2013年12月12日20时40分前往隆林县人民医院治疗，入院诊断为：左眼碱烧伤。经治疗于2013年12月22日出院，共住院10天，支付医疗费6379.24元。原告住院期间，被告毛明胜支付给原告现金1000元。后原告因左眼视物不清，2013年12月30日再次到百色市人民医院住院治疗，经治疗于2014年1月11日出院，出院诊断为左眼碱烧伤，共住院12天，出院医嘱为：1. 建议转上级医院进一步诊治，带药出院；2. 两周后回院复查。此次到百色市人民医院住院治疗共支付医疗费7016.91元。尔后，原告于2014年1月19日至2014年4月9日期间，分别在隆林县人民医院、右江民族医学院附属医院、广西医科大第一附属医院门诊检查、取药，共支付费用1846.62元。2014年3月24日，原告自行委托右江司法鉴定中心对其伤残等级进行鉴定，该中心于2014年4月18日作出了右江司法鉴定中心（2014）临鉴字第75号《鉴定意见书》评定原告张国军的伤残等级为七级，支付鉴定费700元。目前，原告的左眼视力无光感，不能矫正，属失明状态。

以上事实有下列证据证实：

（1）法庭庭审笔录、原告提供的隆林县人民医院和百色市人民医院《出院记录、住院医疗收费收据》、《门诊收费收据》、《右江司法鉴定中心司法鉴定意见书》；

（2）被告钟国良提供的《合同书》，证人黄某华、张某喜的证言。

【案件焦点】

1. 本案的责任应如何分担；2. 原告张国军在新型农村合作医疗报销的费用，三被告是否可以免除赔偿。

【法院裁判要旨】

广西壮族自治区隆林各族自治县人民法院经审理认为：被告毛明胜与被告钟国良签订《合同书》，约定被告毛明胜承包被告钟国良所建好主体的三层楼房的装修，并明确约定了装修工程价款及发生事故的责任承担主体，被告毛明胜与被告钟国良之间形成了承揽合同关系。在对被告钟国良房屋的装修过程中，被告毛明胜召集原告张国军、黄卫东等人共同为其所承包工程的进行装修，可认定被告毛明胜系雇主，原告张国军等人系其雇员，作为雇主的毛明胜应对职业活动负有安全注意和劳动保护的职责和义务，被告毛明胜应承担法律规定的雇主所承担的赔偿责任。原告受被告毛明胜雇佣从事劳务，在提供劳务过程中未尽安全注意义务，在楼上还有人进行施工的情况下，应意识到有装修物坠落可能，但其自我保护意识不强，缺乏与其履行职责行为相对应的职业技能，是导致自身受到伤害的主要原因，应当自行承担相应的过错责任。被告钟国良将建好的三层楼房的装修工程发包给没有相应资质及安全生产条件的被告毛明胜施工，未严格审查毛明胜的相关资质，存在选任过错，应当承担与其过错相应的责任并与被告毛明胜承担连带赔偿责任。关于原告要求被告黄卫东承担责任问题，在审理过程中，原告未能提供其受伤是被告黄卫东的行为所致的证据，因此，原告诉请被告黄卫东承担赔偿责任的理由不充分，本院不予支持。综合本案的实际及当事人的过错程度和损害后果，本院确原告的经济损失由原告自行承担40%，被告毛明胜承担30%。被告钟国良因对定作、指示、选任存在过失，确定其承担30%的责任。对于原告诉讼请求中主张的损失费用，本院根据法律规定和相关计算标准审查后认定如下：1. 医疗费为15242.77元，予以确认；2. 误工费，因原告受伤致左眼失明，其未提供近三年的收入情况，根据原告的伤情，参照公安部（GB/T521－2004）《人身损害受伤人员误工损失日评定准则》5.1眼部损伤第5.1.5.3角膜损伤伴严重后遗症，根据临床治疗情况确定原告误工90天，按2014农业行业在岗职工年平均工资24432元计，确认误工费为24432元÷365天×90天＝6024元；3. 护理费，本院结合原告的住院天数情况，按2014年农业职工年平均年工资标准24432元为1472元（即24432元÷365天×22＝1472元）；

4. 残疾赔偿金54328元；5. 对于精神损害抚慰金，本院根据原告伤残等级和伤情，予以支持2000元；6. 住宿费600元；7. 交通费1000元；8. 鉴定费700元，有票据证实，予以支持。原告主张的营养费，因未有相关的医嘱证实其伤需增加营养，不予支持。

综上，本次事故造成原告的经济损失共计81366.77元。按过错责任比例分担，原告自行承担32546.708元。被告毛明胜应承担24410.031元，因被告毛明胜已支付给原告医疗费用1000元，应从赔偿额中作相应扣除，应承担23410.031元。被告钟国良应承担24410.031元。

此外，被告毛明胜认为其不是雇主，不承担责任的辩解，与法律规定不符，不予采纳，其主张原告部分医疗费已在新型农村合作医疗中得到补偿，应当减少责任人的赔偿数额的辩解，因原告所得到的补偿是其参加了新型农村合作医疗而得到的。在人身损害关系的案件中，不宜适用损失补偿原则，故本院不予采纳。被告钟国良辩称其不是雇主的辩解意见，予以采纳，但其不承担责任的辩解，与法律规定不符，不予以采纳。被告黄卫东的辩解有事实及法律依据，本院予以采纳。根据《中华人民共和国侵权责任法》第三十五条，《最高人民法院关于审理人身损害赔偿案件适用法律若干问题的解释》第十条、第十一条第一款、第十一条第二款、第十七条、第十九条、第二十条、第二十一条、第二十二条、第二十五条，《最高人民法院关于确定民事侵权精神损害赔偿责任若干问题的解释》第十条、《中华人民共和国民事诉讼法》第六十四条之规定，判决如下：

一、被告毛明胜赔偿原告张国军经济损失23410元；

二、被告钟国良赔偿原告张国军经济损失24410元；

三、被告毛明胜与被告钟国良对上述应赔偿款项承担连带赔偿责任；

四、驳回原告张国军其他诉讼请求。

【法官后语】

本案中原告在新型农村合作医疗报销的费用如何处理？目前有以下几种观点：一、判决赔偿实际损失。因受害人只能依法获得“实际损失”的赔偿，不可就同一损害获得双重的利益，受害人已经在“新农合”报销的费用，赔偿义务人不应再另行赔偿。二、应判决全部赔偿。其理由是“新农合”是党中央、国务院在农村实施的一项重大民生工程，属于社会保障的范畴，赔偿权利人既可基于参加了“新农合”获得部分医疗费报销，又可基于侵权法律关系从赔偿义务人处获得赔偿。三、应区别对待，分别处理。（1）属于法律规定的过错责任案件，即使受害人已经在“新农合”报销，赔偿义务人仍应赔偿，不能因“新农合”报销而减轻侵权人的民事赔偿责任。（2）适用“无过错责任原则”赔偿，且不违反“新农合”报销规定的案件，受害人已经在“新农合”报销的费用，赔偿义务人可不予赔偿。

笔者同意第三种观点，回到本案中，首先，被告钟国良将建好的三层楼房的装修工程发包给没有相应资质及安全生产条件的被告毛明胜施工，未严格审查毛明胜的相关资质，存在选任过错；其次，作为雇主的毛明胜没有在雇员进行职业活动时履行好安全注意和劳动保护的职责和义务，也存在过错。故本案适用第三种观点的第一点，法律规定的过错责任案件，即使受害人已经在“新农合”报销，赔偿义务人仍应赔偿，不能因“新农合”报销而减轻侵权人的民事赔偿责任。这样的判决结果才符合法律本意，保护当事人的权益。

编写人：广西壮族自治区隆林各族自治县人民法院　罗美焕

27

侵权人主张因受害人体质状况加重损害后果需减轻赔偿责任的不应予以支持

——王在华诉陈必须、蔡其华提供劳务者受害责任案

【案件基本信息】

1. 裁判书字号

江苏省扬州市中级人民法院（2014）扬民终字第1403号民事判决书

2. 案由：提供劳务者受害责任纠纷

3. 当事人

原告（被上诉人）：王在华

被告（上诉人）：陈必顺、蔡其华

【基本案情】

被告陈必顺为了建四间二厢房屋，2013年2月25日与被告蔡其华签订了一份《建房协议》，协议对建房材料供应、建房费用、安全责任、建设工期、工钱支付等内容进行了约定，后被告蔡其华通过陈某业找到包括原告王在华在内的等人施工。同年2月27日，原告王在华在拆除连接厢房和主房的院墙过程中，被倒下的院墙砸伤双腿，后被送往医院住院治疗。经诊断为右开放性粉碎性胫腓骨骨折、右股骨骨折、左胫腓骨下端骨折、右下肢皮肤套脱伤、2型糖尿病。2月30日，医院对王在华右小腿进行了截肢术，先后共住院51天，后又两次入院治疗共计30天。

2013年11月12日，扬州市江都人民医院司法鉴定所受托对原告王在华作人体损伤致残程度、休息期、营养期、护理期以及后期医疗费用进行评定。鉴定意见为：被鉴定人王在华构成六级伤残。建议休息期为270日，营养期为90日，护理期为120日，后续取内固定费用约需人民币6000元。

本案审理过程中，被告陈必顺、蔡其华认为王在华患有2型糖尿病，与右下肢骨折后截肢存在因果关系，故申请对原告王在华进行病伤因果关系（损伤参与度）鉴定。且原告王在华在住院期间的医疗费用部分是用于治疗糖尿病，因此应当减轻被告的赔偿责任。

【案件焦点】

因受害人体质状况加重损害后果是否需减轻侵权人的赔偿责任。

【法院裁判要旨】

江苏省扬州市江都区人民法院经审理认为：提供劳务者受害责任纠纷中的受害人没有过错，其体质状况对损害后果的影响不属于可以减轻侵权人责任的法定情形。对于在提供劳务活动中遭受损害，尽管提供劳务者自身具有疾病，但疾病并非过错，不应因此而减轻侵权人的民事赔偿责任。两被告主张对原告2型糖尿病进行损害“参与度”鉴定并据此减轻相应的赔偿责任没有法律依据，故法院不予支持。此外，对于原告王在华的医疗费用部分是用于治疗原告的糖尿病，因此应当减轻被告的赔偿责任的抗辩理由，法院认为，病人具备适当的体质特征是实施医疗手术的必要条件，由于原告王在华身患 2 型糖尿病，医疗机构在行医疗手术前对原告进行血糖控制等是手术的必要组成部分，因而不能因此而减轻两被告的赔偿责任。

扬州市江都区人民法院在审理中没有采纳被告蔡其华、陈必顺关于上述减轻赔偿责任的抗辩理由，对原告王在华因提供劳务受伤所产生的损失，依照《中华人民共和国民法通则》第五条，《中华人民共和国侵权责任法》第六条第一款、第十二条、第十六条、第二十六条，《最高人民法院关于审理人身损害赔偿案件适用法律若干问题的解释》第十条、第十一条、第二十六条的规定，判决如下：

一、被告陈必顺在本判决生效之日起 10 日内赔偿原告王在华损失 52523.45 元；

二、被告蔡其华在本判决生效之日起 10 日内赔偿原告王在华损失 180006.7 元；

三、驳回原告王在华的其他诉讼请求。

被告蔡其华后仅对其他法律关系认定部分提起上诉，对上述抗辩事由未得到支持部分并未提起上诉。

江苏省扬州市中级人民法院审理后认为，原审认定事实清楚，适用法律正确，所作判决得当，应予维持。蔡其华的上诉请求欠缺事实和法律依据，应予驳回。依照《中华人民共和国民事诉讼法》第一百七十条第一款第（一）项之规定，判决如下：

驳回上诉，维持原判。

【法官后语】

《侵权责任法》作为民法的重要组成部分，其立法目的就是对民事主体的合法权益进行充分保护。本案原告王在华在提供劳务的过程中受伤后，因为身患 2 型糖尿病而在治疗过程中不得已被截肢，并由此扩大了损害后果，两被告因此提出对 2 型糖尿病与截肢之间的病伤因果关系（参与度）进行鉴定很不合适。《侵权责任法》第二十六条规定："被侵权人对损害的发生也有过错的，可以减轻侵权人的责任。"本案中虽然原告王在华的个人体质状况对损害后果的发生以及加重具有一定的影响，但这不是《侵权责任法》等法律规定的过错，王在华不能因个人体质状况对提供劳务过程中导致的伤残存在一定影响而自负相应责任。此外，《侵权责任法》体现"以人为本"的精神，其基本的制度和规则都是适应"以被侵权人保护为中心"建立起来的，要充分考虑到被侵权人的合法权益。王在华受伤后确有部分治疗费是用于治疗其糖尿病，但要行后续的医疗手术，必须对其进行降血糖等必要调整。因此，该笔医疗费用应当作为对王在华进行受伤医疗的组成部分处理，不能因此而减少侵权人的赔偿责任。原告王在华年龄较大且系单身，在上述价值判断和利益衡量的原则之下，本案承办法官做出以上判决是为了充分保护弱者的合法权益，也充分体现了侵权责任法的“以人为本”精神和人民司法的人文关怀。

编写人：江苏省扬州市江都区人民法院　陈应都

28

介入因素致损害结果加重时对侵权人赔偿责任的影响

——施春风、王启美诉南京南大工程检测有限公司、沈建国提供劳务者受害责任案

【案件基本信息】

1. 裁判书字号

江苏省启东市人民法院（2014）启开民初字第00049号民事判决书

2. 案由：提供劳务者受害责任纠纷

3. 当事人

原告：施春风、王启美

被告：南京南大工程检测有限公司（以下简称南京南大公司）、沈建国

【基本案情】

施××生于1949年12月8日。施春风为施××的儿子，王启美为施××的妻子。启东恒大威尼斯房地产项目系启东×置业有限公司于2012年6月开发，启东×置业有限公司将该项目的地基基础检测工程发包给南京南大公司，南京南大公司将该工程中的吊配重转包给沈建国施工，沈建国雇请没有司索工操作证的施××、蒋××担任司索工。苏FAV×××号25吨汽车起重机的所有权人为沈建国，沈建国持有起重机械作业操作证。施××生前在沈建国处工作两年。2013年5月19日下

午12时30分许，沈建国、施××、蒋××在由启东×置业有限公司开发的启东恒大威尼斯项目工地上进行吊装水泥块（长7米、宽0.5米、高0.7米，重约6吨；用作配重）作业，沈建国在中间驾驶室负责操作起重机，施××站在起重机西侧的三块水泥块上面（约2.2米高），负责挂钩，蒋××在东侧负责卸钩。作业过程中，施××站立的水泥块向东翻倒在地面上，施××则往西跌落在地面上。受伤后，施××当即被送往启东市第三人民医院检查治疗，诊断为肩关节脱位、右桡骨中下段骨折、右髂骨外缘撕裂骨折、右第11后肋骨折、左股四头肌腱断裂。2013年5月21日，施××转入南通大学附属医院进行治疗并行全麻下右桡骨折切开复位内固定术。2013年6月5日5时47分许，施××打喷嚏后突发意识障碍，心跳呼吸停止，经抢救无效死亡。南通大学附属医院诊断死亡原因为栓塞引起的呼吸心跳骤停。施春风、王启美支付医疗费35849.63元（其中沈建国垫付医疗费32098.66元，施春风、王启美实际支付3750.97元）。2013年11月17日，南通市医学会出具医疗损害鉴定书，载明患者术后猝死，考虑为急性肺动脉栓塞所致。原因有：1. 患者为多发性损伤；2. 伤后一直卧床治疗；3. 年龄大；4. 有栓子脱落的诱因（打喷嚏），意见为患者死亡原因为急性肺动脉栓塞，与医疗行为无关，医方在诊疗过程中无医疗过错行为。施春风、王启美为此花去鉴定费2200元。

审理中，沈建国提出申请，要求对施××的急性肺动脉栓塞死亡与2013年5月19日外伤的因果关系进行司法鉴定。2014年5月5日，南通三院司法鉴定所受江苏省启东市人民法院委托出具通三司法鉴定所［2014］临鉴字第0268号鉴定意见书，意见为施××肺动脉栓塞致死亡的原因与为多处外伤、手术治疗、较长时间卧床、年龄等因素有密切关系，其2013年5月19日所受外伤是主要原因，伤病比例为75%。沈建国为此支付鉴定费1800元。

【案件焦点】

1. 受害人因特殊体质造成损害扩大，如何认定侵权行为与最终损害结果是否存在法律上的因果关系；2. 特殊体质致损害结果加重时侵权人赔偿责任可否减轻。

【法院裁判要旨】

江苏省启东市人民法院经审理认为：公民的生命、健康权受法律保护。本案中，结合现有的证据分析，沈建国为接受劳务的一方，施××为提供劳务的一方。

沈建国抗辩双方不存在雇佣关系（即劳务关系）与其在启东市安监局的陈述不符，本院不予采信。根据法律规定，个人之间形成劳务关系，提供劳务一方因劳务自己受到损害的，根据双方各自的过错承担相应的责任。沈建国将劳务安排给没有相应司索工资质的施××施工，对工程的施工未能尽管理监督义务，也未采取相应的安全防护措施，应承担主要的赔偿责任；而施××未尽安全注意义务，明知自己不具备司索工资质，仍参与施工，不慎从高处滑落受伤，自身具有一定过错，应承担相应的责任。另根据相关规定，雇员在从事雇佣活动中因生产安全事故遭受人身损害的，发包人、分包人知道或者应当知道接受发包或分包业务的雇主没有相应资质或者生产条件的，应当与雇主承担连带责任。本案属提供劳务者受害责任纠纷，而南京南大公司与沈建国之间为劳务分包关系，南京南大公司在建立劳务分包关系时，应当知道沈建国从事吊装工作需配备有资质的司索工，但其未一体审查沈建国及其所雇请的司索工即施××是否具有从事劳务分包的相应资质和安全生产条件，应当与沈建国承担连带责任。关于因果关系，本案中，施××死亡与其在治疗过程中突发肺动脉栓塞有一定关系，且该疾病不属于可预见的身体状况，故应当减轻责任主体的赔偿责任。根据南通三院司法鉴定所鉴定意见，结合施××具有一定过错，本院酌定由沈建国承担70%的赔偿责任。

江苏省启东市人民法院依照《中华人民共和国侵权责任法》第十六条、第三十五条，《最高人民法院关于审理人身损害赔偿案件适用法律若干问题的解释》第十一条第二款、第十七条、第十八条、第十九条、第二十一条、第二十条、第二十三条、第二十四条、第二十七条、第二十九条，作出如下判决：

一、被告沈建国赔偿原告施春风、王启美人民币468369.39元，被告沈建国已支付32098.66元，尚应支付436270.73元，限于本判决生效之日起十日内履行完毕。

二、被告南京南大工程检测有限公司对上述债务负连带清偿责任。

三、驳回原告施春风、王启美的其他诉讼请求。

宣判后，双方当事人在法定期限内均未提起上诉，一审判决已经发生法律效力。

【法官后语】

判定行为人是否承担侵权责任，总是围绕过错、损害结果、因果关系三个要件而展开。在发生侵权损害的场合，伤病比与损害结果间的事实因果关系表现为两种形态：一是“结果加重型”，即直接致损害结果重于通常情形下的损害，如受害人脑部血管畸形，在外力打击下发生血管破裂，但若无受害人的病变不会产生该结果；二是“愈合困难型”，即损害结果未加重，但治愈难度加大，如受害人为血友病人，必须进行数倍于常人的输血，导致损失扩大。否认伤病比与损害结果间的法律因果关系，首先必须说明这一结论为何与损害的可预见性原则没有冲突，或者在某些情形下没有冲突。但对于“结果加重型”损害，行为人是否可预见、是否应担责及担责的方式，认识上不无争议。在最高人民法院公布的第24号指导案例“荣宝英诉王阳、永诚保险江阴公司机动车交通事故责任纠纷”一案中，可以确定的是，指导案例直指的是“愈合困难型”侵权赔偿。故其裁判要点所概括的“交通事故的受害人没有过错，其体质状况对损害后果的影响不属于可以减轻侵权人责任的法定情形”，能否适用于“结果加重型”侵权赔偿仍不无商榷余地，两者似乎不存在完全对应关系。

笔者认为，“结果加重型”损害不属于应当参照适用指导案例的情形。本案中，侵权行为只损害到受害人的健康权，介入因素形成的急性栓塞才是受害人死亡的原因，急性栓塞为医疗过程中难以预见的高致命性突发情况，抢救成功率极低，侵权行为人不可能预见受害人会发生急性栓塞，所以，侵权行为与死亡结果之间并无必然因果关系。但毕竟医疗行为和受害人体质均欠缺承担责任必须的条件——主观过错，侵权行为引起的普通损害结果，是受害人可能发生急性栓塞不可或缺的条件，故仍须将先前的侵权行为视为导致最终结果的原因。另需说明的是，本案事实与“结果加重型”损害也存在不同，本案中的介入因素在基本损害结果出现后才形成对加重结果的原因力，且该原因力的发生概率极低，而“结果加重型”损害中导致结果加重的因素，在侵权行为实施时即产生了原因力并与侵权行为同时作用于结果，而且发生的概率较高。虽然两者间的区别是显然的，但在很难预见这一点上是相同的，因此，一方面，为实现法律制止侵权及保护受害人权利的目的，需承认侵权行为与最终结果间的法律因果关系，另一方面，也要考虑过错与责任之间的平衡，认同受害人的特殊体质对损害结果具有原因力，并据此减轻侵权行为人的赔偿责任。

结语：不应从指导案例中得出受害人特殊体质一律不减轻侵权人赔偿责任的标准答案。受害人体质难以被预见且对损害结果的扩大具有决定性作用力时，推定受害人体质与最后结果有法律因果关系，但应减轻侵权人的赔偿责任。

编写人：江苏省启东市人民法院 陈南松 刘文磊

29

提供劳务者受害责任纠纷中的举证责任问题

——苏仁诉龙岩市新罗天联消声器厂提供劳务者受害责任案

【案件基本信息】

1. 裁判书字号

福建省龙岩市中级人民法院（2014）岩民终字第969号民事判决书

2. 案由：提供劳务者受害责任纠纷

3. 当事人

原告（上诉人）：苏仁

被告（被上诉人）：龙岩市新罗天联消声器厂

【基本案情】

原告苏仁系龙岩市新罗区铁山镇洋头村村民，洋头村系铁山镇镇政府所在地。原告本人无相关电焊工资质，其于2013年4月12日开始到被告处做零工，从事帮扶钢管或打磨等工作，双方口头约定工作报酬为65元/天。与此同时，原告还在龙岩永峰纸业有限公司上班（原告苏仁自1990年开始在龙岩永峰纸业有限公司上班，原是打浆工人，后转为门卫）。其时间具体分配为：白天在被告处上班，晚上8点至早晨7点作为龙岩永峰纸业有限公司保安在该公司看管大门，居住在该公司宿舍。2013年7月18日上午，原告在被告处的具体工作为：在一旁扶住长条水管以便电焊工阙荣华进行氩氟焊（每根水管长约1.7米）；原告正常下班后，于当天中午回家吃饭休息，后于下午继续到被告处工作。当日傍晚，原告前往龙岩永峰纸业医务室，该医务室在其处方笺中注明的临床诊断为“灼烧后感染”，该医务室还建议原告若无好转到医院治疗。2013 年 7 月 19 日，原告仍到龙岩永峰纸业医务室取药水治疗，该医务室再次建议原告前往医院治疗。原告在该医务室支出治疗费 93 元。2013 年 7 月 20 日 11 时，原告在病情加重时前往龙岩市第一医院住院治疗，此时其入院查体显示：右眼全角膜白色混浊、水肿、溃疡凹陷。龙岩市第一医院诊断原告伤情为：1. 右眼角膜溃疡；2. 右眼前房积脓；3. 窦性心动过缓。原告在龙岩第一医院住院 8 天，共支出医疗费 3741.29 元。经龙岩市第一医院建议，原告于 2013 年 7 月 28 日进入厦门大学附属厦门眼科中心医院住院治疗，其自述病情为“做电焊时不慎异物进入右眼出现右眼发红、疼痛及异物感等”，该院诊断原告的伤情为：右眼绿脓杆菌性角膜溃疡。原告于 2013 年 8 月 12 日出院，其在厦门大学附属厦门眼科中心医院共住院 15 天，共支出医疗费 3169.79 元（3155.79 元 +14 元）。被告在原告住院治疗时支付给原告 10000 元费用。原告出院后分别于 2013 年 8 月 19 日、9 月 20 日、10 月 18 日在厦门大学附属厦门眼科中心医院复诊，分别支出门诊费 494.9 元、556.3 元。原告还于 2013 年 10 月 18 日在龙岩市第一医院复诊，支出门诊费用 27.3 元。2013 年 10 月 24 日，福建鼎力司法鉴定中心出具闽鼎［2013］临鉴字第 990 号司法鉴定意见书，评定原告苏仁的伤残等级为：“交通”八级伤残；“工伤”七级伤残。原告为此支出鉴定费 700 元。2013 年 12 月 9 日，原告向龙岩市新罗区劳动争议仲裁委员会申请劳动仲裁，该委员会于 2013 年 12 月 9 日作出龙新劳仲不案［2013］58 号《不予受理通知书》，以原告与被告属临时雇佣关系为由不予受理。因原、被告协商赔偿事宜未果，原告遂于 2013 年 12 月 31 日诉至本院请求判如所请。

【案件焦点】

原告的右眼是否在被告处工作时受伤，即原告在被告处工作与其右眼受伤之间是否存在因果关系。

【法院裁判要旨】

福建省龙岩市新罗区人民法院经审理认为：《最高人民法院关于民事诉讼证据的若干规定》第二条规定：“当事人对自己提出的诉讼请求所依据的事实或者反驳对方诉讼请求所依据的事实有责任提供证据加以证明，没有证据或者证据不足以证明当事人的事实主张的，由负有举证责任的当事人承担不利的后果”。本案中，原告的伤情最终经医院诊断为右眼绿脓杆菌性角膜溃疡，而从医学的角度看，多种因素均可诱发该病症。原告主张其是在被告处工作受伤，应针对其在被告处的劳务与其眼睛受伤之间存在相当的因果关系提供必要的证据予以证明。但在本案中，原告尚未能完成相应的举证责任，其提供的相应证据材料中内容均为其自身陈述是在被告处工作导致受伤，并无其他相应证据予以佐证，亦无法形成证据链条以证明其主张，且原告在庭审中对其自身受伤原因、经过的陈述亦存在诸多矛盾之处，故本院对原告关于其是在被告处工作中受伤的主张不予采信。据此，依照《中华人民共和国民事诉讼法》第六十四条第一款、《最高人民法院关于民事诉讼证据的若干规定》第二条的规定，作出如下判决：

驳回原告苏仁的诉讼请求。

苏仁提起上诉。福建省龙岩市中级人民法院认为，《最高人民法院关于民事诉讼证据的若干规定》第二条规定："当事人对自己提出的诉讼请求所依据的事实或者反驳对方诉讼请求所依据的事实有责任提供证据加以证明。没有证据或者证据不足以证明当事人的事实主张的，由负有举证责任的当事人承担不利后果。"上诉人苏仁主张，是在被上诉人龙岩市新罗天联消声器厂上班时，在协助电焊师傅做焊接工作过程中眼睛受伤的，一审中，上诉人提供了被上诉人预支医药费、通话录音、永峰纸业医务室处方、龙岩市第一医院，厦门大学附属厦门眼科中心病历、入院记录、出院小结、疾病及诊断证明书等证据；二审上诉人申请证人在庭上作证，但上诉人上述提供的证据及二审的证人在庭上的证言，无法充分证明上诉人是在被上诉人处上班时眼睛受到伤害的。因此，上诉人请求被上诉人承担劳务受害赔偿责任，缺乏事实根据。2014年3月27日，原审法院已向上诉人送达转换程序通知书、民事裁定书、合议庭组成人员通知书。上诉人称，原审法院变更合议庭组成人员人未告知当事人，不属实。依照《中华人民共和国民事诉讼法》第一百七十条第一款第（一）项的规定，判决如下：

驳回上诉人苏仁的上诉，维持原判。

【法官后语】

在提供劳务者受害责任纠纷案件中，就举证能力而言，在一般情况下提供劳务者处于劣势地位。这是因为提供劳务者一般要在接受劳务者提供的劳动场所使用接受劳务者提供的劳动工具进行劳动，提供劳务者对于接受劳务者所提供的劳动条件和劳动工具安全性的了解远不及接受劳务者；事故发生后，提供劳务者想要保留证据也相当困难。因此，在遵循“谁主张谁举证”原则的前提下，对于提供劳务者而言，对于证明对象、证明标准、举证期限的要求不应过高，要求提供劳务者能够证明基本事实即可。具体到本案中，原告应对其在被告处工作与其右眼受伤之间是否存在因果关系进行举证。从原告提供的材料、庭审查明的事实来看，原告对其眼睛受伤原因、经过的陈述存在矛盾，原告对其眼睛受伤的时间、地点也未有其他工友或证据予以佐证。原告伤情最终经医院诊断为右眼绿脓杆菌性角膜溃疡，从医学的角度看，多种因素均可诱发该病症。法院工作人员经实地查看氩弧焊现场并综合上述分析，认为原告提供的证据较为薄弱，尚未完成原告欲以证明的基本事实，即对其右眼受伤之间与在被告处从事氩弧焊的工作存在因果关系。综上所述，法院根据案件事实和法律，作出了驳回原告诉讼请求的判决。

编写人：福建省龙岩市新罗区人民法院　钟富胜　胡谨镳

30

在无证据推翻首次鉴定的情况下申请重新鉴定，申请一方应当承担不利的法律后果

——罗金花诉成都勇成建筑工程劳务有限公司、赖廷卫提供劳务者受害责任案

【案件基本信息】

1. 裁判书字号

四川省成都市中级人民法院（2014）成民终字1650号民事判决书

2. 案由：提供劳务者受害责任纠纷

3. 当事人

原告（上诉人）：罗金花

被告（被上诉人）：成都勇成建筑工程劳务有限公司、赖廷卫

【基本案情】

2011年8月16日，原告经人介绍到被告赖廷卫从被告成都勇成建筑工程劳务有限公司处分包的成昆外线新津21米1#厂房项目部工作，岗位为杂工。2011年8月23日，原告在上班过程中不慎摔倒，致使肩上所扛角钢砸伤其腰部，因无钱医治，一直于门诊治疗，后疼痛难忍于2011年9月23日到成都军区机关医院住院治疗，伤情好转后于同年10月6日出院，共计13天，花去医疗费1651.8元、门诊费用797.6元，共计2449.4元。原告罗金花的伤势于2012年9月3日经成都蓉城司法鉴定所鉴定为十级伤残，花去鉴定费750元。原告罗金花认为两被告为劳务受益人，应对原告所受伤害后果承担赔偿责任，经与被告协商未果后，诉讼来院要求两被告连带赔偿原告残疾赔偿金、误工费、医疗费、护理费、住院伙食补助费、鉴定费、交通费、精神抚慰金等共计56698元。本案诉讼中，被告成都勇成建筑工程劳务有限公司不服原告罗金花的十级伤残结论，申请重新鉴定，当事人双方委托本院指定鉴定机构，本院依法指定四川鼎诚司法鉴定所鉴定，四川鼎诚司法鉴定所于2013年6月6日作出“被鉴定人罗金花的损伤的伤残等级无法确认”的《司法鉴定意见书》。

同时查明，被告赖廷卫与被告成都勇成建筑工程劳务有限公司之间就成昆外线新津21米1#厂房项目有劳务分包关系，原告罗金花在此项目部上班考勤由被告赖廷卫负责；被告赖廷卫从事劳务分包未进行工商登记，也无建筑施工资质。2011年11月21日，原告罗金花向新津县劳动争议仲裁委员会申请劳动仲裁，逾期未予受理后，原告罗金花向新津县人民法院诉讼要求确认与被告成都勇成建筑工程劳务有限公司之间有劳动合同关系，新津县人民法院于2012年5月18日作出民事判决，认定原告罗金花与成都勇成建筑工程劳务有限公司之间不存在劳动合同关系，原告罗金花不服判决，上诉至成都市中级人民法院，后撤回上诉。

另查明，被告赖廷卫垫付医疗费1651.8元、支付现金给原告罗金花580元。

【案件焦点】

被告申请重新鉴定后的鉴定意见能否直接作为认定伤残等级的依据。

【法院裁判要旨】

四川省成都市郫县人民经审理法院认为：被告成都勇成建筑工程劳务有限公司

不服原告罗金花的十级伤残结论，申请重新鉴定。原告罗金花的伤势经重新鉴定后，因无法确认伤残等级，本院对原告罗金花主张的残疾赔偿金等伤残项目费用不予支持。本院认定支持的各项费用如下：1. 医疗费 2449.4 元；2. 住院伙食补助费 20 元一天计 13 天共 260 元；3. 护理费 80 元一天计 13 天共 1040 元；4. 交通费，本院根据原告的就医情况及伤势，酌情认定 500 元；5. 误工费，原告主张 100 元一天，但并未提供工资收入等有效证据予以证明，本院依照上年度省平均工资计 13 天，为 1277.64 元。以上金额共计 5277.04 元。鉴于被告赖廷卫已经垫付医疗费 1651.8 元、支付现金给原告罗金花 580 元，所以还应支付给原告 3295.24 元。据此，依照《中华人民共和国侵权责任法》第十五条、第三十五条，《最高人民法院关于审理人身损害赔偿案件适用法律若干问题的解释》第十七条、第十九条、第二十条、第二十一条、第二十二条、第二十三条，《中华人民共和国民事诉讼法》第六十四条、第一百四十二条、第一百四十四条之规定，判决如下：

一、被告赖廷卫于本判决生效后十日内赔付给原告罗金花医疗费、住院伙食补助费、护理费、交通费、误工费共计 3295.24 元；

二、被告成都勇成建筑工程劳务有限公司对上述被告赖廷卫应承担赔付金额负连带责任；

三、驳回原告罗金花的其他诉讼请求。

罗金花提起上诉。上诉理由为：伤残鉴定经蓉城鉴定所鉴定后被告申请重新鉴定，但二次鉴定的结论系“无法确认伤残等级”，这与基本事实不符，二次鉴定结论并不能推翻第一次鉴定结论。成都市中级人民法院经审理认为：根据《中华人民共和国民事诉讼法》第六十四条第一款“当事人对自己提出的主张，有责任提供证据”之规定，根据“谁主张，谁举证”的基本原则，原告罗金花为支持其主张，已经提供了蓉城鉴定意见书为证，该鉴定书认为罗金花构成十级伤残，作为受害人原告已经完成了举证责任。被告公司不认可该鉴定意见书的理由仅为该次鉴定系罗金花单方委托。根据《最高人民法院关于民事诉讼证据的若干规定》第二十八条“一方当事人自行委托有关部门作出的鉴定结论，另一方当事人有证据足以反驳并申请重新鉴定的，人民法院应予准许”之规定，罗金花自行委托蓉城司法鉴定所作出的鉴定结论，并非当然不能被采信，除非被告公司有证据反驳。后被告公司申请重新鉴定后，鼎城司法鉴定所作出“伤残无法确认”的结论，一方面，二次鉴定结论也未认定罗金花不构成伤残等级，且二次鉴定书与成都军区机关医院作出的左侧肋骨骨折的诊断结论相悖，不符合常理；另一方面，本案现有证据无法证实蓉城鉴定意见书存在鉴定机构或者鉴定人员不具备相关鉴定资格、鉴定程序违法、鉴定结论名下依据不足等依法不能作为证据使用的情形，也未能提供反驳证据，故蓉城鉴定意见书应得到采信。因此，被告公司应当承担不利的法律后果。据此，成都市中级人民法院作出如下判决：

一、撤销郫县人民法院（2013）成郫民初字365号民事判决。

二、被告赖廷卫于本判决生效后十日内赔付给原告罗金花医疗费、住院伙食补助费、护理费、交通费、误工费共计20297.24元；被告成都勇成建筑工程劳务有限公司对上述被告赖廷卫应承担的赔付金额负连带责任；

三、驳回原告罗金花的其他诉讼请求。

【法官后语】

本案处理焦点在于案件启动重新鉴定的条件和两次鉴定意见不一致的认定原则。我国《最高人民法院关于民事诉讼证据的若干规定》第二十八条规定：“一方当事人自行委托有关部门作出的鉴定意见，另一方当事人有证据足以反驳并申请重新鉴定的，人民法院应予准许”，本案中，被告仅以原告单方委托为由而申请重新鉴定，在无其他证据反驳原鉴定的情况下，法官同意启动再次鉴定程序并无法律依据，处理欠妥。

同时，在出现鉴定意见不一致的情况下，法官直接采信第二次鉴定意见，而该鉴定意见明显与原告住院记录载明的肋骨骨折的事实不符。二审改判理由在于二次鉴定意见并不能直接否认首次鉴定意见，也无其他证据和事实支持被告的主张，因此，被告应当承担举证不能的法律后果。

值得注意的是，启动重新鉴定，需严格审查以下三点：一是鉴定机构或鉴定人员不具备相关鉴定资格；二是鉴定程序严重违法；三是鉴定意见明显依据不足等依法不能作为证据使用的情形。在启动重新鉴定程序时未严格审查法定条件，案件存在被改判的可能。同时，在二次鉴定意见对被申请人不利的情况下，要结合基本事实、首次鉴定意见综合判断，从而做到公正公平。

编写人：四川省成都市郫县人民法院　杨文成

四、雇主与其他被告、第三人之间的责任划分

31

第三人造成雇员受伤，雇员选择起诉雇主未追加第三人参加诉讼，不会导致第三人诉讼权利丧失

——广安锦翔物业管理有限公司诉周业琼追偿权案

【案件基本信息】

1. 裁判书字号

四川省广安市中级人民法院（2014）广法民终字第613号民事判决书

2. 案由：追偿权纠纷

3. 当事人

原告（被上诉人）：广安锦翔物业管理有限公司

被告（上诉人）：周业琼

【基本案情】

在2011年11月14日下午上班时，被告周业琼一手提着垃圾桶，另一手拿着水瓢向门卫室走来，走到门卫室后把桶里的垃圾往门卫室倒，第三人龙某林（系原告雇佣的员工）上前制止，被告周业琼就用手中的水瓢向其头部猛打，致龙某林头部受伤，鼻骨尖部骨折。龙某林受伤后，经与被告协商未果，第三人龙某林遂将原告诉至法院，要求原告赔偿其损失，四川省广安市广安区人民法院于2012年5月

17日以（2012）广安民初字第929号民事判决书判决原告赔偿第三人龙某林各项损失共计35286.20元，后广安区法院于2012年6月12日以（2012）广安执字第623号执行裁定原告支付，并于2012年6月18日强制扣划了36055元并支付给了第三人龙某林。原告认为，被告无故致伤原告的员工，导致原告为此向员工龙某林支付了赔偿款，根据法律规定，龙某林的赔偿款依法应由被告承担，现诉讼要求判令被告周业琼赔偿原告为第三人支付的赔偿款36055元。

【案件焦点】

第三人造成雇员受伤，雇员选择起诉未追加第三人参加诉讼，是否会导致第三人诉讼权利丧失。

【法院裁判要旨】

四川省广安市广安区人民法院经审理认为：被告周业琼准备进入门卫室将垃圾倒入其中，原告广安锦翔物业管理有限公司聘请的雇员龙某林对其进行阻止，其与龙某林发生抓扯，并进而用塑料瓢将龙某林鼻部打伤，造成龙某林鼻骨骨折构成十级伤残，对该损害后果的发生，被告周业琼具有较大过错，应承担主要民事赔偿责任。第三人龙某林在阻拦被告周业琼进入门卫室的过程中方式欠妥当，并与被告周业琼发生抓扯，导致出现本次纠纷产生，出现前述损害后果，其自身具有一定过错，应承担次要民事责任。故本院确定第三人龙某林与被告周业琼的民事责任比例为30%：70%。鉴于原告广安锦翔物业管理有限公司在（2012）广安民初字929号提供劳务者受害责任纠纷一案的审理中没有要求龙某林承担民事责任，其对被告周业琼的追偿仅限于被告周业琼应对龙某林承担的民事赔偿部分。对被告周业琼辩称的在龙某林与广安锦翔物业管理有限公司提供劳务者受害责任纠纷一案中，应当追加她为当事人参加诉讼，而当时审理时并没有通知她参加诉讼，属程序错误的问题，龙某林系原告广安锦翔物业管理有限公司雇请的雇员，双方构成了雇佣关系，龙某林在从事雇佣活动中受伤，龙某林可以选择向广安锦翔物业管理有限公司主张权利，也可以选择向周业琼主张权利，故在该案中没有通知周业琼应诉并不违背法律规定，不属于程序错误。被告周业琼认为龙某林所受伤害不构成伤残，虽向本院书面申请要求对龙某林的伤残等级进行重新鉴定，但未向本院提供证据证明该鉴定部门作出的鉴定结论存在鉴定机构或者鉴定人员不具备相关的鉴定资格、鉴定程序严重违法、鉴定结论明显依据不足、经过质证认定不能作为证据使用等情形的存在，故对其要求对龙某林的伤残等级进行重新鉴定的请求，本院不予支持。龙某林所受损害损失已经（2012）广安民初字929号生效判决书判决确定为36286.20元。原告在行使追偿权诉讼中主张的龙某林总损失数额为35286.20元，故本院以此数额确定其行使追偿权总损失数额。原告主张的诉讼费、执行费因是原告不履行义务造成的，故应由原告自行承担，不应纳入追偿范围。

四川省广安市广安区人民法院依照《最高人民法院关于审理人身损害赔偿案件适用法律若干问题的解释》第十一条第一款“雇员在从事雇佣活动中遭受人身损害，雇主应当承担赔偿责任。雇佣关系以外的第三人造成雇员人身损害的，赔偿权利人可以请求第三人承担赔偿责任，也可以请求雇主承担赔偿责任，雇主承担赔偿责任后，可以向第三人追偿”以及《最高人民法院关于民事诉讼证据的若干规定》第二条“当事人对自己提出的诉讼请求所依据的事实或者反驳对方诉讼请求所依据的事实有责任提供证据加以证明。没有证据或者证据不足以证明当事人的事实主张的，由负有举证责任的当事人承担不利后果”之规定，判决如下：

一、被告周业琼向原告广安锦翔物业管理有限公司支付因造成龙某林受伤的损失人民币24700.34元，此款限在本判决生效后二十日内付清。

二、驳回原告广安锦翔物业管理有限公司的其他诉讼请求。

被告周业琼不服，认为：1. 龙某林与广安锦翔物业管理有限公司之间系劳动关系，一审将此认定为雇佣关系是错误的；2. 龙某林受伤后，选择了工伤赔偿，现行法律、司法解释均未规定用人单位在工伤赔付后可以向他人追偿，故广安锦翔物业管理有限公司向上诉人行使追偿权没有法律依据；3. 鉴定标准选错，故以一审判决有多项错误为由提起了上诉。四川省广安市中级人民法院经审理认为：《最高人民法院关于审理民事诉讼证据的若干规定》第九条第一款第（五）项之规定，当事人对以为人民法院发生法律效力的裁判所确认的事实无需举证。于本案中，龙某林受广安锦翔物业管理有限公司雇佣的事实，以为发生法律效力的广安市广安区人民法院（2012）广安民初字第929号民事判决所确认，被上诉人周业琼虽然主张龙某林与广安锦翔物业管理有限公司系劳动关系，但在本案中未提交相关证据足以推翻该生效判决确认的事实，故本院对龙某林在从事雇佣活动中遭受人身损害的事实予以确认，对周业琼关于龙某林与广安锦翔物业管理有限公司系劳动关系的上诉理由，本院不予支持。根据《最高人民法院关于审理人身损害赔偿案件适用法律若干问题的解释》第十一条第一款规定，雇佣关系以外的第三人造成雇员人身损害的，赔偿权利人可以请求第三人承担赔偿责任，也可以请求雇主承担赔偿责任。广安锦翔物业管理有限公司作为雇主对龙某林承担赔偿责任后，可以向第三人追偿。故周业琼关于广安锦翔物业管理有限公司向其行使追偿权没有法律依据的上诉理由不能成立。龙某林之损伤，发生在2011年11月14日，且在2011年12月8日由广安福源司法鉴定所按照工伤鉴定标准作出了鉴定结论，虽然四川省高级人民法院民一庭于2012年2月24日发布的《民事审判信息月报》中，作出了关于人身损害赔偿案件可以参照《道路交通事故受伤人员伤残评定》标准评定受害人伤残等级的指导性意见，但对龙某林的伤残等级评定没有溯及力，且该文并未作出必须按《道路交通事故受伤人员伤残评定》标准评定受害人伤残等级的硬性规定，故上诉人关于一审错误采信广安福源司法鉴定所作出的鉴定结论的上诉理由不能成立。综上，一审认定事实清楚，适用法律正确。

四川省广安市中级人民法院根据《中华人民共和国民事诉讼法》第一百四十四条、第一百七十条第一款第（一）项、第一百七十四条，判决如下：

驳回上诉，维持原判。

【法官后语】

本案在一审中争议的焦点是：第三人致雇员受害，雇员起诉雇主未追加第三人为当事人，是否导致第三人诉讼权利的丧失。对此我们的观点是不会导致第三人的诉讼权利丧失。《最高人民法院关于审理人身损害赔偿案件适用法律若干问题的解释》第十一条规定：“雇员在从事雇佣活动中遭受人身损害，雇主应当承担赔偿责任。雇佣关系以外的第三人造成雇员人身损害的，赔偿权利人可以请求第三人承担赔偿责任，也可以请求雇主承担赔偿责任，雇主承担赔偿责任后，可以向第三人追偿。”因此在第三人致雇员受害的情况下，雇员可以选择向雇主主张权利，也可以选择向第三人主张权利。因此，在本案中，龙某林向雇主广安锦翔物业管理有限公司主张权利是合法的，广安锦翔物业管理有限公司在赔偿龙某林后再向周业琼追偿也是合法的，广安锦翔物业管理有限公司有向周业琼追偿的权利。至于在龙某林提起的提供劳务者受害纠纷案中，未追加第三人周业琼为当事人，是否导致周业琼的诉讼权利丧失。《民事诉讼法》第五十三条规定："当事人一方或者双方为二人以上，其诉讼标的是共同的，或者诉讼标的是同一类、人民法院认为可以合并审理并经当事人同意的，为共同诉讼。共同诉讼的一方当事人对诉讼标的有共同权利义务的，其中一人的诉讼行为经其他共同诉讼人承认，对其他共同诉讼人发生效力；对诉讼标的没有共同权利义务的，其中一人的诉讼行为对其他共同诉讼人不发生效力。"《民事诉讼法》第一百三十二条规定："必须共同进行诉讼的当事人没有参加诉讼的，人民法院应该通知其参加。"结合这两条的规定，追加当事人是指人民法院发现对诉讼标的具有共同权利或义务的当事人未参加诉讼时，依照职权追加其为案件的原告或被告的诉讼行为。从逻辑上来说，追加当事人应该满足其前提条件——当事人应该是"必须"共同进行诉讼的当事人，而必须共同进行诉讼的情形只可能发生在必要共同诉讼中。而必要的共同诉讼是指当事人一方或者双方为两人以上，诉讼标的是同一诉讼，是不可分之诉。而龙某林诉广安锦翔物业管理有限公司提供劳务者受害责任纠纷案与广安锦翔物业管理有限公司诉周业琼追偿权纠纷案是不同的两个诉讼，因此在提供劳务者受害纠纷案中没有追加周业琼为当事人，也不会导致其诉讼权利丧失。

编写人：四川省广安市广安区人民法院　陈洪宁

32

农村建房施工人受伤，代发工资的介绍人是否应承担责任

——陈真加诉唐志礼等提供劳务致害责任案

【案件基本信息】

1. 裁判书字号

四川广安市省岳池县人民法院（2014）岳池民初字第0195号民事判决书

2. 案由：提供劳务者受害责任纠纷

3. 当事人

原告：陈真加

被告：唐志礼、唐贵、何铭志

【基本案情】

2013年7月，唐志礼修建两层房屋，以每平方米180元价格包工不包料承包给唐贵。建房中，唐贵委托何铭志找人打现浇，约定现浇按每平方米7元计价。何铭志提供3套机器设备，邀请陈真加等六人共同施工，三套机器设备的费用按三人工资均摊。2013年8月17日晚8时许，施工中陈真加运送预混料时，不慎从楼顶架板上跌落底楼受伤，伤后陈真加被送往医院治疗。治疗终结后陈真加自行委托广安世纪司法鉴定中心对其伤情进行鉴定为：1. 陈真加因从高处坠下致右胫骨平台骨折、左内踝骨折，伤残等级评定为八级伤残；2. 误工损失日为135天；3. 护理时限为二人30天，一人60天；4. 续医费约11000元（复查费3000元）。三被告对陈真加伤情申请重新鉴定，2014年6月9日四川华西法医学鉴定中心对原告伤情作出重新鉴定为：被鉴定人陈真加右胫骨平台骨折后遗右下肢部分功能障碍属十级伤残，左内踝骨骨折后遗左下肢部分功能障碍属十级伤残。

庭审中，陈真加认为三被告均应对其受害承担连带赔偿责任。唐志礼认为已将房屋发包给唐贵，且不认识陈真加，更没请陈真加做工，不应承担法律责任。唐贵认为陈真加因受伤的现浇工程，已经发包给何铭志，陈是何铭志聘请而来，工资也由其发放，雇主是何铭志。何铭志则认为自己仅是充当现浇工程的介绍人角色，与陈真加的法律地位平等，不应承担陈受伤的法律责任。

【案件焦点】

1. 农村建房施工中，施工人受伤后作为代发工资的介绍人是否应承担法律责任；2. 施工人受伤，谁应承担法律责任，责任大小如何划分。

【法院裁判要旨】

四川省广安市岳池县人民法院经审理认为：被告唐志礼将房屋的修建发包给被告唐贵未违反法律禁止性规定，被告唐志礼与被告唐贵构成承揽合同关系。承揽过程中，定做人除了对选任或者指示存在过错外，对定作事项不承担法律责任。施工过程中被告唐志礼不存在选任和指示过错，故唐志礼对原告的伤害不承担法律责任。被告唐贵与被告何铭志之间，从事实上看唐贵将现浇业务委托何铭志找人施工，约定每平方米 7 元的价格，劳动报酬是以工程量计算。何铭志邀请原告陈真加等人一起做工，并按惯例平均分配报酬，何铭志无从中获利的主观愿意，客观上除自身及机器设备按份应得报酬外没有额外获利，且对原告无管理指挥行为，不能视为原告的雇主。雇主唐贵在事故工程中安全设施不到位致原告施工时受伤，对原告受伤承担 80% 的主要责任。此外，原告为完全民事行为能力人，对危险未尽到预知与防范义务，自身也存在一定的过错应承担 20% 的责任。

四川省岳池县人民法院依照《中华人民共和国民法通则》第一百一十九条、第一百三十一条，《中华人民共和国侵权责任法》第十六条、第三十五条，《最高人民法院关于审理人身损害赔偿案件适用法律若干问题的解释》（以下简称《解释》）第十条、第十一条、第十七条、第十九条、第二十条、第二十一条、第二十二条、第二十三条、第二十四条之规定，判决如下：

一、原告陈真加的医疗费、误工费、护理费、营养费、住院伙食补助费、残疾赔偿金、交通费等共计 45489. 67 元，被告唐贵赔偿 36391. 74 元（被告唐贵已先行支付 2500 元），原告陈真加自行承担 9097. 93 元。于本判决生效后十日内付清给原告陈真加。

二、第一次鉴定费 2550 元，原告陈真加承担；第二次鉴定费 1535 元，原告陈真加承担 307 元，被告唐贵承担 1228 元。

一审宣判后，双方当事人均未上诉，一审判决已生效。

【法官后语】

本案争议的核心是，一起参与做工并代发工资的介绍人是否应对原告受伤承担责任，与之相关的问题是介绍人在整个事件中扮演什么法律角色，谁应对原告受伤承担责任。

在处理这一问题时需慎重，应遵从“风险收益相一致”的原则，综合考虑判断。司法实践中，一般应从以下因素综合考察：1. 中间人主观上有无通过介绍工程企图牟利，客观上有无从工程项目中获利；2. 施工过程中，介绍人参与做工的程度：有无对施工人进行管理、监督、指挥行为；3. 介绍人有无对所介绍的工程具有定价权，工人工资发放是通过房主还是介绍人。

具体到本案，何铭志受唐贵委托，要求介绍工人对建房工程的现浇项目施工，何便邀请多年一起做工的熟人陈真加等人。一人有活，大家一起做、工资均等分的这种农村做工模式很普遍。何虽然参与了工程定价，工资也由其代发，但总报酬的发放是由自己与其他人均摊，未额外多获取一分钱，客观上所起的作用仅是其他人的代表。而且在施工现场也未对原告有管理、指挥、监督行为。因此，本案中，作为一起参与施工的介绍人是无需对原告受伤承担法律责任的。

此外，唐志礼与唐贵之间是什么法律关系，以及谁应对陈真加受伤负责也是焦点之一。《合同法》第二百五十一条“承揽合同是承揽人按照定作人的要求完成工作，交付工作成果，定作人给付报酬的合同”，唐志礼将房屋的修建以每平方米180元价格发包给唐贵，构成承揽合同关系。依《最高人民法院关于人身损害赔偿案件若干法律问题的解释》第十条：“承揽人在完成工程过程中对第三人造成损害或者自身损害的，定作人不承担赔偿责任。但定作人对定作、指示或者选任有过失的，应当承担相应的赔偿责任。”本案定作人唐志礼选任唐贵承建房屋，未违反法律禁止性规定，施工过程中唐志礼不存在选任或者指示过错，故唐志礼对原告的伤害不承担法律责任。依常理，农村建房工程，现浇仅是工程的一部分，也是构成整体房屋工程不可缺少的关键部分。唐贵以每平方米180元价格承揽整个建房工程，委托何铭志介绍人对现浇施工，但价款仅是每平方米7元，房屋工程的局部与整体的差价大。陈真加虽然不是唐贵直接聘请，但系其委托何铭志介绍而来，唐贵与陈真加之间构成了间接上实质性的雇佣关系。

值得注意的是，农村属于熟人社会，通常建房、拆除、修缮等都会自行找人来做，如果熟人中没有这些工匠，一般会托人寻找，因此“中间人”的角色大量存在。一旦因工程发生事故，中间人要不要承担法律责任便成为房主、承包人、中间人三者争论的焦点。关键是应遵从“风险与收益相一致”的原则去判断与认定各行为主体的法律地位。

编写人：四川省广安市岳池县人民法院　戴建军

33

对是否能够构成重大过错行为的认定

——徐元平诉碾子山区华丰村村民委员会、孙振江提供劳务者受害责任案

【案件基本信息】

1. 裁判书字号

黑龙江省齐齐哈尔市碾子山区人民法院（2014）民初字第136号民事判决书

2. 案由：提供劳务者受害责任纠纷

3. 当事人

原告：徐元平

被告：碾子山区华丰村村民委员会、孙振江

【基本案情】

原告徐元平与被告孙振江均系华丰村头道沟村民。2014年4月24日，二人受雇于碾子山区华丰村村民委员会进行栽树。下午14时40分，被告孙振江发动钻坑机时原告徐元平的右手绞到机器的传动皮带里，造成原告右手拇指受伤。事故发生后，原告被送往碾子山区人民医院进行住院治疗，原告伤情诊断为右手拇指末节离断伤，原告住院治疗6天后出院。原告所受伤害经齐齐哈尔市第一医院司法鉴定所鉴定为：1. 受损伤为七级伤残；2. 伤后护理时间为90日；3. 伤后90日医疗终结。原告被扶养人有4人，即原告父亲徐兴才、母亲王凤兰，二人分别于1951年、1952年出生，二人均为碾子山区头道沟村农民。经庭审调查核实，二人生有三名子女。原告有两个女儿，分别于2003年、2014年出生。

【案件焦点】

被告孙振江的责任是属于一般过错还是重大过错。

【法院裁判要旨】

黑龙江省齐齐哈尔市碾子山区人民法院经审理认为：本案中，原告徐元平、被告孙振江与被告碾子山区华丰村村民委员会均系雇佣关系，二人为该村村民委员会从事栽树劳动。根据《最高人民法院关于审理人身损害赔偿案件适用法律若干问题的解释》第十一条“雇员在从事雇佣活动中遭受人身损害，雇主应当承担赔偿责任”之规定，被告孙振江作为机器的操作者，在此次事故中存在重大过错。故本案原告徐元平的合理损失应由碾子山区华丰村员会承担，被告孙振江承担连带责任。原告徐元平的合理损失为：医药费1379.92元；误工费5866.77元（参照2013年黑龙江省农、林、牧、渔业平均工资23793.00元/365天×90天）；护理费5866.77元（参照2013年黑龙江省农、林、牧、渔业平均工资23793.00元/365天×90天）；伙食补助费300.00元（50.00元/天×6天）；残疾赔偿金77072.80元（参照2013年黑龙江省农村居民人均纯收入9634.10元×20年×40%）；被扶养人生活费65864.8元（参照2013年黑龙江省农村居民人均年生活消费支出6813.60元×17年×40%/3人+6813.60元×18年×40%/3人+6813.60元×7年×40%/2人+6813.60元×18年×40%/2人）；鉴定费2710.00元，共计159061.06元。

碾子山区人民法院依照《中华人民共和国侵权责任法》第十六条，《最高人民法院关于审理人身损害赔偿案件适用法律若干问题的解释》第十一条、第二十八之规定，作出如下判决：

一、被告碾子山区华丰村村民委员会赔偿原告徐元平医药费、误工费、护理费、伙食补助费、残疾赔偿金、被扶养人生活费、鉴定费，共计159061.06元；

二、被告孙振江负连带责任。

案件受理费3457.00元，由被告碾子山区华丰村村委员会负担3453.50元，原告徐元平负担3.50元。

【法官后语】

本案中，被告孙振江作为机器所有人及操作人，在工作中应尽到高度注意义务。孙振江在启动机器时，没有招呼众人闪开，在徐元平不知情的情况下开动机器，造成徐元平受伤，伤残等级达到7级。对原告及其亲人身心造成了严重的伤害。原告作为一个农民，伤残7级导致其劳动能力严重受限，基本无法从事重体力劳动，这对一个农村家庭来说无异于沉重的打击。被告孙振江的行为应认定为重大过错，并由其来承担连带责任。同时，我国民事侵权法对雇佣劳动关系采取的是最大限度保护雇员利益原则。雇员在雇佣活动中受害，无论雇员本身是否存在过错，均由雇主承担赔偿责任。本案判决无可争议，但徐元平作为一个完全民事行为能力自然人，将手放置到传动皮带上，首先可以认定其缺乏基本的安全意识。古人云："君子不立于危墙。"这起事故的发生完全可以避免，希望所有人都能够提高自己的安全意识，避免此类悲剧的再次发生。

编写人：黑龙江省齐齐哈尔市碾子山区人民法院　王语锋

34

提供劳务者因第三人侵权受害，接受劳务者之赔偿责任的判定

——张涛涛诉许国营提供劳务者受害责任案

【案件基本信息】

1. 裁判书字号

北京市第三中级人民法院（2014）三中民终字第03364号民事判决书

2. 案由：提供劳务者受害责任纠纷

3. 当事人

原告（被上诉人）：张涛涛

被告（上诉人）：许国营

【基本案情】

2013年3月29日，张涛涛经人介绍到许国营处工作，担任杂工，每天工资140元。2013年3月下旬，许国营为装修汽车生活会馆向石旭峰购买了一批玻璃。4月1日上午10时30分许，石旭峰和货车司机袁金华将玻璃运至顺义区后沙峪地区瑞斯特汽车生活会馆门前。张涛涛上前去搬卸玻璃，石旭峰和袁金华从车上卸玻璃过程中，车上玻璃坠落，将张涛涛砸伤。受伤当日，张涛涛被送到航空总医院住院治

疗，被诊断为：T12胸椎新发爆裂性骨折，脊髓圆锥损伤，截瘫（双下肢瘫痪），低蛋白血症。张涛涛在航空总医院共计住院44天，于2013年5月15日出院。当天，张涛涛又转到西山医院进行住院康复治疗，被诊断为：神经源性膀胱，胸12水平脊髓完全性损伤，胸12椎体骨折内固定术后等。张涛涛共计在该医院住院96天，于2013年8月19日出院。事发后，许国营为张涛涛支付了54 000元医疗费。许国营称还为张涛涛的亲属在陪护期间的日常开支支付过6000元，对此，张涛涛只认可2000元，包括900元住院伙食补助费和1100元购买日用品的费用。

诉讼中，张涛涛申请对其伤情进行伤残等级鉴定。经本院依法委托，2013年11月14日，北京中衡司法鉴定所出具鉴定结论：1. 张涛涛伤残等级属二级（赔偿指数为90%）；2. 误工期、营养期、护理期均暂定1年。张涛涛支付鉴定费4350元。

诉讼中，张涛涛明确诉讼请求为：医疗费40 619.38元（已扣除许国营支付的费用）、护理费23 600元、营养费8000元、住院伙食补助费11 280元、误工费33 040元、交通费2350元、残疾赔偿金656 442元、鉴定费4350元、残疾辅助器具费13 456元、精神损害抚慰金100 000元，合计893 137.38元。张涛涛为农业户口，其主张自己经常居住地和主要收入来源地均为城市，应当按照城镇居民的标准计算残疾赔偿金，但对此未能提供充分证据证明。

【案件焦点】

张涛涛与许国营之间系个人之间的劳务关系，现张涛涛因第三者行为受害，依据《侵权责任法》第三十五条，张涛涛的雇主许国营是否承担赔偿责任。

【法院裁判要旨】

北京市朝阳区人民法院经审理认为：张涛涛受许国营雇佣在装修场地工作，许国营购买的玻璃被运至施工场地后，张涛涛前去卸货的行为应当属于职务行为。因此许国营辩称事发时其不在现场且未指派张涛涛卸玻璃的意见与事实不符，法院不予采信。根据法律规定，接受劳务者在从事雇佣活动中遭受人身损害，接受劳务者应当承担赔偿责任。雇佣关系以外的第三人造成接受劳务者人身损害的，赔偿权利人可以请求第三人承担赔偿责任，也可以请求接受劳务者承担赔偿责任。接受劳务者承担赔偿责任后，可以向第三人追偿。因此张涛涛起诉要求许国营承担赔偿责任于法有据，法院予以支持。张涛涛主张的医疗费、误工费、护理费、鉴定费有法律依据和证据证明，法院予以支持；张涛涛主张的交通费、住院伙食补助费、营养费、残疾辅助器具费、精神损害抚慰金过高，法院予以调整，数额由法院酌定。张涛涛为农业户口，其主张自己经常居住地和主要收入来源地均为城市，应当按照城镇居民的标准计算残疾赔偿金，但对此未能提供充分证据证明，因此法院对其要求按照城镇居民标准计算残疾赔偿金的请求不予支持，法院按照农村居民的标准计算张涛涛的残疾赔偿金。故此，北京市顺义区人民法院判决如下：

一、许国营赔偿张涛涛医疗费、误工费、护理费、交通费、住院伙食补助费、营养费、残疾赔偿金、鉴定费、残疾辅助器具费、精神损害抚慰金共计四十七万二千元（已扣除许国营已给付的款项），于本判决生效之日起十日内给付；

二、驳回张涛涛的其他诉讼请求。

判决作出后，许国营不服，提出上诉。

北京市第三中级人民法院经审理认为：本案为提供劳务者受害责任纠纷。本案争议焦点之一为张涛涛所受伤害是否是在执行工作职责中发生的事故，以及许国营是否应当承担赔偿责任。对此，应当结合工作时间、工作场合和工作原因等要素进行判断。本案中，张涛涛在工作时间、工作场合受到伤害，但张涛涛并非直接受许国营指派卸玻璃，并且没有证据表明卸玻璃是许国营或许国营指定的人为张涛涛分配的工作任务。在工作内容的认定上，由于张涛涛系许国营雇佣的杂工，许国营未对其工作职责进行明确的安排，张涛涛的工作内容具有一定的临时性和随机性，张涛涛事实上无法明确区分究竟哪些工作属于其工作职责。尽管张涛涛的工作应服从大工安排，但并不意味着只有大工指派的工作才算张涛涛的工作职责，否则张涛涛必须随时紧跟大工进行工作，大工不在现场，张涛涛就可以不工作，而这显然与实际情况不符。由于张涛涛的杂工身份以及其工作性质的随机性，其主观判断对于其工作职责范围的认定具有一定参考意义。本案所涉玻璃用于许国营的汽车生活会馆的装修工程，并且购买玻璃可以约定由送货方卸货也可以由收货方卸货，所以在张涛涛工作地点卸货与张涛涛的工作内容有较强的关联性，在没有收到相反指令的情况下，张涛涛主观上认为卸玻璃属于自己的工作范围应属合理，其实际从事卸玻璃工作并因此而遭受的伤害应视为是在执行工作职责中发生的事故。综合以上理由，对于许国营提出的张涛涛不是在执行工作职责中发生的事故的上诉理由，法院不予采信。关于张涛涛是否应当承担部分责任，法院认为，张涛涛所受伤害系玻璃坠落所致，无证据表明张涛涛在卸玻璃过程中存在过失，故对于许国营提出的应当由张涛涛承担部分责任的上诉理由，法院不予采信。关于许国营提出的张涛涛所受伤害系案外人袁金华，石旭峰所致，故其不存在过错，不应当承担赔偿责任的抗辩理由，由于案外人袁金华、石旭峰为许国营运输及装卸玻璃用于装修许国营的汽车生活会馆，张涛涛因此所受伤害系工作职责中发生事故所致，许国营应当承担赔偿责任，但许国营承担责任后可以依据法律规定向实际侵权人追偿。案外人袁金华、石旭峰不是本案被告，其所受刑事指控及审判与本案不存在程序上关联性，本案无需中止审理。许国营提出的本案应当中止审理的理由法院不予采信。故此，北京市第三中级人民法院于2014年5月14日作出二审判决，驳回上诉，维持原判。

【法官后语】

《侵权责任法》实施后，改变了个人劳务关系领域，提供劳务者受害时接受劳务者赔偿责任的归责原则。在此之前的《最高人民法院关于审理人身损害赔偿案件适用法律若干问题的解释》（以下简称《人身损害赔偿司法解释》）第十一条规定：雇员在从事雇佣活动中遭受人身损害，雇主应当承担赔偿责任。雇佣关系以外的第三人造成雇员人身损害的，赔偿权利人可以请求第三人承担赔偿责任，也可以请求雇主承担赔偿责任。雇员承担赔偿责任后，可以向第三人追偿。而《侵权责任法》第三十五条规定：个人之间形成劳务关系，提供劳务一方因劳务造成他人损害的，由接受劳务一方承担侵权责任。提供劳务一方因劳务自己受到损害的，根据双方各自的过错承担相应的责任。《侵权责任法》实施后，个人之间劳务关系中提供劳务者因工受害的，接受劳务者赔偿责任不再适用《人身损害赔偿司法解释》第十一条。[①] 这一改变使相关问题的处理更符合法律的公平原则，但是该条中关于“按照各自的过错承担相应责任”的用语较《人身损害赔偿司法解释》第十一条更加原则和宽泛，实践中对于三十五条的理解适用难说没有分歧。正确理解和把握三十五条的归责原则是正确处理因个人劳务关系或近似法律关系产生的劳动者受害责任纠纷的首要前提。本案为此提供了一个较好的范例。本案争议焦点在于导致张涛涛受

---

① 最高人民法院侵权责任法研究小组编著：《〈中华人民共和国侵权责任〉法条文理解与适用》，人民法院出版社2010年版，第259页。

伤的工作事实上并不属于张涛涛的工作职责，案外人袁金华、石旭峰是实际侵权人，那么许国营对于张涛涛所受伤害是否有过错，是否应当承担全部赔偿责任。两审法院经审理后认为，许国营应当对张涛涛的损害承担赔偿责任，具体评析意见如下：

1.《侵权责任法》第三十五条之立法目的旨在强调个人劳务关系领域，接受劳务者对于提供劳务者的赔偿责任应适用过失相抵原则

《侵权责任法》第三十五条的立法理由主要是：

第一，在雇主为用人单位时，工伤保险制度可以分担用人单位的责任风险，从现有的规定看，工作人员在工作过程中受到工伤损害的，用人单位原则上承担无过错责任。而《侵权责任法》中“个人之间形成劳务关系的”，不属于依法应当参加工伤保险统筹的情形，提供劳务的一方受到损害后，不能适用《工伤保险条例》，所以，提供劳务一方因劳务受到损害的，不宜采取无过错责任的原则，要求接受劳务的一方无条件地承担赔偿责任。实践中因劳务受到损害的情况比较复杂，应当区分情况，根据双方的过错来处理比较合理。①

第二，《民法通则》《人身损害赔偿司法解释》《侵权责任法》均有关于受害人过错和与有过失的规定，即受害人对于损害的发生也有过错的，可以减轻侵害人的民事责任。提供劳务一方在提供劳务过程中遭受人身损害也有自身存在过错的情况，对此提供劳务一方也应负担一定的责任，完全由接受劳务一方承担责任也显失公平。②

无论是人大法工委所做的条文释义，还是最高人民法院所做的条文理解，都强调个人劳务关系中，提供劳务者受害的，接受劳务者赔偿责任的确定应当适用过错相抵原则，考虑双方过错比例对于接受劳务者赔偿责任认定的意义，改变以往无视提供劳务者的过错甚至重大过失，一味的要求接受劳务者承担全部赔偿责任的做法，从而避免利益失衡。有争议的是，三十五条确立的接受劳务者赔偿责任是否因此由无过错责任变成了过错责任。笔者认为，三十五条尽管强调过失相抵，但此处

---

① 全国人大法工委：《侵权责任法条文释义》，载 http://www.civillaw.com.cn/mfjd/，2014 年 6 月 30 日访问。

② 最高人民法院侵权责任法研究小组编著：《〈中华人民共和国侵权责任〉法条文理解与适用》，人民法院出版社 2010 年版，第 259 页。

之接受劳务者赔偿责任不同于一般的过错侵权责任。

第一，第三十五条在法条表述上未采用一般过错责任原则的表述方式。一般过错责任原则在《侵权责任法》第六条中规定为“行为人因过错侵害他人民事权益，因承担侵权责任”，第五十四条对医疗机构一般过错责任的规定为“患者在诊疗活动中受到损害，医疗机构及其医务人员有过错的，由医疗机构承担赔偿责任。”《民法通则》第五十四条对一般过错责任原则规定为“公民、法人由于过错侵害国家的、集体的财产，侵害他人财产、人身的，应当承担民事责任”。从上述列举的法条可以看到，一般过错责任原则在法条的表述中强调侵权人对其过错行为承担侵权责任。若是采用一般过错侵权责任的表述方式，三十五条后半段应规定为，提供劳务的一方因为劳务受到损害的，接受劳务的一方有过错的，应承担民事责任。

第二，将接受劳务者对提供劳务者的赔偿责任理解为一般过错侵权责任，对提供劳务者极不公平。一般过错侵权责任，侵权人是否具有过错，过错程度取决于侵权人应当承担何种程度的注意义务，以及侵权人是否违反了相应的注意义务。而注意义务的标准，则依危险或侵害的严重性、行为的效益，防范危险的负担等影响而不同[①]。按照一般过错侵权责任的构成要件，意味着提供劳务者受害后，除举证证明劳务关系、损害事实，损害在履行工作职责过程中发生以及事故与损害的因果关系外，还需对接受劳务者对损害的预见程度，以及是否采取了与其预见程度相当的防范措施进行举证，这无疑极大地加重了提供劳务者一方的举证责任，在发生接受劳务者不可预见的损害时，将接受劳务者应当承担的用工风险转移给提供劳务者承担，对提供劳务者十分不公平。法律不应在为避免一个不公平时，造成另外一种不公平。

第三，无过错侵权责任仍可适用过失相抵原则。雇员受害时，雇主承担无过错责任是现代民法之通例。雇员是为雇主完成工作的，雇主为受益人。根据报偿理论，利之所在，损之所归；雇主承担无过错责任有利于保护雇员的利益。[②] 以无过错责任原则认定雇主赔偿责任相比过错侵权责任更具合理性。但是在个人劳务关系中，提供劳务者存在重大过失时要求接受劳务者承担赔偿责任，对接受劳务者不甚

---

① 杨立新：《侵权法论》（第四版），人民法院出版社，第208页。

② 房绍坤、于新：“论接受劳务者对接受劳务者的赔偿责任”，载 http：//www.civillaw.com.cn/mfjd/，2014年6月30日访问。

公平，因为个人劳务关系中接受劳务者通常不具备对外分担风险之能力。但是，并非只有过错侵权责任适用过失相抵，无过错责任亦可适用过失相抵。《人身损害赔偿司法解释》第2条第2款已对此明确规定。因此不能因过失相抵之适用而认为三十五条之接受劳务者赔偿责任就一定是一般过错侵权责任。

综上，笔者认为《侵权责任法》第三十五条应理解为过失相抵，而不是一般过错侵权责任。

2. 因第三人侵权导致提供劳务者遭受伤害的情形，第三人之过错不能减免接受劳务者的损害赔偿责任

《人身损害赔偿司法解释》第十一条规定：雇佣关系以外的第三人造成接受劳务者人身损害的，赔偿权利人可以请求第三人承担赔偿责任，也可以请求接受劳务者承担赔偿责任。接受劳务者承担赔偿责任后，可以向第三人追偿。《侵权责任法》实施后，对于因第三人侵权导致提供劳务者遭受损害的情形下的责任承担没有规定，对于此问题存在不同的观点：

一种观点认为，《人身损害赔偿司法解释》第十一条规定的第三人致雇员受到伤害时，雇主的赔偿责任与第三人的赔偿责任为不真正连带责任，而《侵权责任法》第三十五条的适用否定了此情形下接受劳务者的不真正连带责任，接受劳务者对提供劳务者因劳务受伤害的赔偿适用过错责任，接受劳务者仅就其在监督、管理、保护方面的过错对提供劳务者的伤害承担“相应的赔偿责任”，赔偿责任的内容和范围显然与第三人侵权责任并不重合，接受劳务者所承担的赔偿责任绝非全部的赔偿责任；接受劳务者在承担其自身赔偿责任之后，提供劳务者的损失并未得到完全补偿，提供劳务者与第三人之间的债权债务关系仍然存在；接受劳务者向第三人的追偿权更无从谈起。①

另一种观点认为，由于《侵权责任法》对此未作规定，因此应当继续适用《人身损害赔偿司法解释》第十一条之规定，受害的提供劳务者可以要求接受劳务

---

① “接受劳务者因劳务而被第三人伤害的，接受劳务者和第三人赔偿责任的承担方式——接受劳务者张A与上海某燃气有限公司、第三人张B赔偿纠纷两案”。编写人：盛庆，一审：上海市奉贤区人民法院（2012）奉民一（民）初字第5630号、（2013）奉民一（民）初字第1596号（代理审判员：盛庆；书记员：朱冬亮）。载http：//www. fxfy. sh. cn/，2014年6月30日访问。

者承担责任，也可以要求第三人承担赔偿责任，其享有选择权。①

笔者赞成第二种观点，只是在此情况下，如提供劳务者有重大过错，应当依据《侵权责任法》第三十五条之规定，减轻接受劳务者的赔偿责任。第一种观点实际上认为，在发生第三人侵权情况下，接受劳务者的过错程度较低，不论提供劳务者本身是否有过错，都可以成为减轻接受劳务者赔偿责任之理由，事实上将提供劳务者受害时接受劳务者赔偿责任完全等同于一般过错侵权责任。而如前所述，此时之接受劳务者赔偿责任不是一般过错侵权责任，第三人侵权不能成为提供劳务者之过错，如果提供劳务者本身没有过错，减轻接受劳务者赔偿责任，不符合《侵权责任法》第三十五条之按照各自过错承担相应责任的立法理念。不真正连带责任是不同的侵权行为人对同一损害事实发生的侵权责任的相互重合，每个侵权行为人所发生的侵权责任内容是相同的，包括责任性质、责任方式和责任范围的重合，其中一个侵权责任的实现即可实现对被侵权人的救济。② 在提供劳务者本身存在过错时，不只是接受劳务者的赔偿责任，第三人的赔偿责任也适用过失相抵的原则予以减轻，仍存在不真正连带责任之适用。因此，侵权责任法第三十五条没有排除《人身损害赔偿》司法解释第十一条关于第三人侵权时，接受劳务者与第三人不真正连带责任的适用。

3. 联系本案的分析

本案中，张涛涛所受之伤害尽管系案外人袁金华、石旭峰所致，但张涛涛对此并无过错。在此，张涛涛的过错应当从两个方面考察：第一，张涛涛是否明知卸玻璃不是其工作职责，从而决定是否构成提供劳务者受害责任。第二，张涛涛是否存在导致事故发生或者加重损害的重大过失，从而决定是否减轻许国营的赔偿责任。这两个过错的判定是决定许国营赔偿责任是否成立以及是否存在减轻责任的情形的不同层级的内容。如果张涛涛明知卸玻璃不是其工作职责，则接受劳务者对提供劳务者赔偿责任的基本构成要件“损害在履行工作职责过程中发生”即不具备，许国营的赔偿责任之前提不具备。但张涛涛在卸玻璃过程中本身是否存在过错，则是在判断是否减轻许国营赔偿责任时需要考虑的因素。值得注意的是，本案二审法院在

① 王文海：“谈对《侵权责任法》第三十五条的理解与适用—以审判实践为视角”，原载《法制与社会》2012年第6期（中），载 http：//www. cnki. net/，2014年6月30日访问。

② 杨立新：《侵权法论》（第四版），人民法院出版社，第748页。

认定张涛涛卸玻璃是否属于履行工作职责时，没有机械的按照张涛涛是否接收指派的思路，而是充分考虑了张涛涛的工作性质即杂工，工作内容的临时性、随机性，卸玻璃与许国营会馆装修工作的联系等因素，认为在张涛涛事实上无法明确区分究竟哪些工作属于其工作职责的情况下，张涛涛主观判断对于其工作职责范围的认定的意义。进而认定在没有收到相反指令的情况下，张涛涛主观上认为卸玻璃属于自己的工作范围应属合理。在认定张涛涛并非明知卸玻璃不属于其工作职责后，接受劳务者许国营的赔偿责任即产生，案外人袁金华、石旭峰为实际侵权人的事实不再成为许国营的免责事由。

编写人：北京市第三中级人民法院　李丹

35

不作为的侵权行为

——赵兴华诉周彪等提供劳务者受害责任案

【案件基本信息】

1. 裁判书字号

云南省红河哈尼族彝族自治州建水县人民法院（2014）建民初字第631号民事判决书

2. 案由：提供劳务者受害责任纠纷

3. 当事人

原告：赵兴华

被告：周彪、蒋绍红

【基本案情】

2013年8月23日，被告蒋绍红与第三人苏某俊签订《建筑工程施工协议书》，约定由蒋绍红承包建设第三人苏某俊位于建水县临安镇哑巴寺9号的房屋，房屋为砖混结构，高四层半，占地面积为132平方米，建设施工费按346元/平方米计算。

后蒋绍红将该建房工程其中的支模工程项目分包给被告周彪，工程款由蒋绍红按45元/平方米支付给周彪。在施工过程中，周彪雇请原告赵兴华等人为其支模。2014年2月12日15时左右，原告在上述建筑工地三楼从事支模工作过程中，不慎踩空掉在二楼地板上受伤。原告被送到红河州第二人民医院诊查后转到解放军第五十九医院住院治疗，诊断为右跟骨骨折，住院26天，支付住院费23668.81元，医嘱建议出院后休息3个月。经司法鉴定：1. 原告伤残等级为九级；2. 劳动能力部分丧失；3. 后期医疗费评估为9000元；4. 误工期评定为140日、护理期90日、营养期30日。原告支付鉴定费2600元。

另查明，被告蒋绍红、周彪均无相关建筑施工资质。原告事发前已在建水县城居住一年以上并持有居住证。事故发生后，被告周彪为原告垫付了医疗费11000元。

对于本案原告赵兴华主张2003年到建水县从事装修、建筑工作，是被告周彪长期雇请在建筑工地打零工的工人，被告周彪是承包蒋绍红工程的二老板。2014年2月12日15时左右，原告在二被告承包的建水县临安镇哑巴寺建筑工地二楼上工作时，不慎踩空掉在地上受伤。原告受伤住院，给本人及家庭带来了精神痛苦，经济上造成了较大的损失。除被告周彪支付原告医疗费11000元，二被告拒绝赔偿其他经济损失。综上，请判令二被告及第三人连带赔偿原告：医疗费23668.81元、误工费32200元（140天×230元）、住院伙食补助费1300元（26天×50元）、护理费4500元（90天×50元）、营养费600（30天×20元）、残疾赔偿金84300元（21075元×20年×0.2）、后续医疗费9000元、鉴定费2600元，共计158168.81元，扣除周彪已付的11000元，还应赔偿原告147168.81。诉讼费由被告及第三人承担。

【案件焦点】

二被告及第三人是否应当对原告的损失承担赔偿责任。

【法院裁判要旨】

云南省红河哈尼族彝族自治州建水县人民法院审理后依照《中华人民共和国侵权责任法》第十三条、第十六条、第三十五条及《最高人民法院关于审理人身损害赔偿案件适用法律若干问题的解释》第十一条第二款、第十九条、第二十条、第二十一条、第二十三条、第二十五条之规定，判决如下：

一、原告赵兴华因伤造成的经济损失127968.81元，由被告周彪承担60%即76781.3元，扣除周彪已支付的11000元，还应赔偿原告赵兴华65781.3元；被告蒋绍红和第三人苏某俊在被告周彪承担的赔偿责任范围内承担连带赔偿责任。原告的其余损失由其自行承担。上述款项，限于判决生效后15日内履行完毕；

二、驳回原告赵兴华的其他诉讼请求。

【法官后语】

《侵权责任法》第三十五条规定："个人之间形成劳务关系，提供劳务一方因劳务造成他人损害的，由接受劳务一方承担侵权责任。提供劳务一方因劳务自己受到损害的，根据双方各自的过错承担相应的责任。"本案中赵兴华受雇于周彪，双方形成了一种事实上的劳务关系。同时被告蒋绍红、周彪均无相关建筑施工资质。因此赵兴华与周彪属于法律上的个人之间形成的劳务关系。

根据《侵权责任法》的理论，承担侵权责任一般有四个构成要件：有损害后果、存在侵权行为、对损害的发生具有过错、行为跟损害后果有因果关系。

本案中赵兴华显然有受伤的损害后果。而周彪的侵权行为是一种不作为，周彪作为雇主未能对赵兴华提供相应的安全防范措施，导致赵兴华在建筑工地的三楼从事支模工作过程中，不慎踩空掉在二楼地板上受伤，周彪作为雇主的不作为即是一种侵权行为。该不作为因违反法律的强制性规定而存在过错。周彪的过错侵权行为对赵兴华的受伤是具有法律上的因果关系的。因此，周彪在本案中应当承担侵权赔偿责任。

《侵权责任法》第二十六条规定："被侵权人对损害的发生也有过错的，可以减轻侵权人的责任。"本案中，赵兴华作为多年从事建筑施工的工人，知道和应当知道施工中所具有的危险性，需特别注意安全，但原告在三楼施工时自己不慎踩空摔到二楼受伤，其自身有很大过错，故原告应自己承担一定责任。

《最高人民法院关于审理人身损害赔偿案件适用法律若干问题的解释》第十一条第二款规定"雇员在从事雇佣活动中因安全生产事故遭受人身损害，发包人、分包人知道或者应当知道接受发包或者分包业务的雇主没有相应资质或者安全生产条件的，应当与雇主承担连带赔偿责任。"本案中，被告蒋绍红虽不是原告赵兴华的雇主，但其将自己所承包的工程分包给无相关建筑资质的被告周彪，故被告蒋绍红应在被告周彪承担的赔偿责任范围内承担连带赔偿责任；第三人苏某俊作为建房的发包方，将建房工程发包给无相关建筑资质的被告蒋绍红，故第三人苏某俊也应在被告周彪承担的赔偿责任范围内承担连带赔偿责任。

编写人：云南省红河哈尼族彝族自治州建水县人民法院　田吉

36

提供劳务者受害责任认定

——刘良忠诉陈传贵等提供劳务者受害责任案

【案件基本信息】

1. 裁判书字号

重庆市忠县人民法院（2014）忠法民初字第01663号民事判决书

2. 案由：提供劳务者受害责任纠纷

3. 当事人

原告：刘良忠

被告：忠县官坝镇农业服务中心（以下简称农服中心）、陈传贵、阎光怀、聂剑勇

【基本案情】

2012年11月，忠县林业局就松材线虫病除治工作请示重庆市森林病虫害防治检疫站，认为忠县没有专业除治公司，决定由乡镇自行承包给个人除治，林业局对每个承包队队长即承包人进行技术培训后，承包人对雇请的队员组织培训，得到同意批复。被告陈传贵参加了忠县林业局2013年松材线虫病专业除治队培训。

2013年11月7日，忠县官坝镇人民政府和被告陈传贵签订《忠县官坝镇松材线虫病除治承揽合同》，约定由陈传贵负责忠县官坝镇翠柏村、龙泉村区域内松材线虫病疫木的除治工作，发生安全事故由陈传贵自行负责，农服中心按实际除治松

材线虫枯死根数以每株35元向陈传贵支付工程款。陈传贵承包该项工程后，以每株27元的价格转包给被告阎光怀、聂剑勇。2013年12月2日，双方重新签订转包合同，将工价提高到每株30元。

阎光怀组织人员进入翠柏村除治现场开展除治工作后，原告刘良忠经做活的工人介绍进入除治队，阎光怀安排原告将砍伐的树木烧毁。2013年11月25日下午五时许，与原告一同做工的工友叫原告去帮忙推树。在原告推树，工友用油锯锯树时，油锯将原告的左小腿锯伤。原告在忠县官坝卫生院、忠县人民医院简单处理伤情后，被送往重庆市红岭医院住院治疗，同年12月20日转回忠县官坝卫生院住院治疗，12月28日出院。重庆市红岭医院对原告诊断：1. 左小腿血管、神经、肌肉离断伤；2. 左胫骨骨折。出院医嘱：1. 继续促进患肢功能锻炼，促进患肢神经生长；2. 防止患肢在此外伤，下床活动需注意防止摔倒；3. 加强营养，建议休息3个月；4. 定期复查每月一次，不适复诊。上述治疗共花去医疗费25626.23元，其中陈传贵、阎光怀垫付2172.93元，另付现金14000元，保险公司报销13766元。原告购买下肢踝足部护具开支2200元，拐杖两根开支170元。原告的伤情经忠县司法鉴定所鉴定为：1. 左踝关节活动功能丧失评定为十级伤残；2. 左足趾活动功能丧失评定为十级伤残，因此发生鉴定费700元。

原告诉请四被告在其已得到赔偿款外，连带赔偿各项损失47089.10元；被告陈传贵认为保险公司、农服中心和他都有一定责任；被告农服中心辩称，陈传贵转包工程他部门不知情，也未允许。他部门按照上级文件要求组织陈传贵接受了培训，陈传贵也有从事砍树的工作经验和技术，故认为其不应承担责任；被告阎光怀辩称，考虑到原告年龄较大，他安排原告从事烧毁砍下的树木的工作，吩咐原告不要到砍树的地方去。原告擅离工作岗位，不听从工作安排，自身存在过错，应承担相应责任。他是帮陈传贵打工的，即使要承担责任，也只能在保险公司、农服中心承担责任后，承担陈传贵应承担责任的一半。

【案件焦点】

提供劳务者在从事劳务中受到损害，工程的发包人、转包人是否应承担赔偿责任。

【法院裁判要旨】

重庆市忠县人民法院经审理认为：被告阎光怀、聂剑勇在接受原告劳务中，对油锯锯树的安全隐患疏于防范，存在重大管理过错，应对原告的损失承担主要赔偿责任；原告在劳务中擅离工作岗位，对油锯锯树的风险没有尽到注意义务，亦应承担相应责任；被告陈传贵未经发包人同意，将工程转包给阎光怀、聂剑勇并从中获利，应对阎光怀、聂剑勇的赔偿责任承担连带责任；农服中心没有过错，不应承担连带责任。

重庆市忠县人民法院根据《中华人民共和国侵权责任法》第二条、第三条、第十六条、第二十二条、第三十五条，《最高人民法院关于审理人身损害赔偿案件适用法律若干问题的解释》第十一条、第十七条、第十八条、第十九条、第二十条、第二十一条、第二十二条、第二十三条、第二十四条、第二十五条、第二十六条、第三十一条、第三十二条、第三十五条，《最高人民法院关于确定民事侵权精神损害赔偿责任若干问题的解释》第十条、第十一条规定，作出如下判决：

一、阎光怀、聂剑勇在本判决生效后七日内赔偿刘良忠医疗费、住院生活补助费、营养费、误工费、交通费、护理费、残疾赔偿金、残疾辅助器具费、鉴定费合计30525.40元（不含已支和垫付部分）。

二、阎光怀、聂剑勇在本判决生效后七日内赔偿刘良忠精神抚慰金2000.00元。

三、陈传贵对前述两款义务承担连带责任。

四、驳回刘良忠的其他诉讼请求。

【法官后语】

近年来，三峡库区在开展松材线虫病除治工作中，雇员受害的事件时有发生。事故发生后，发包人、转包人、实际承包人互相推诿，受害人诉至法院的案件不断增多。此类纠纷如何划分责任？通过本案做如下分析。

1. 发包人是否应承担连带责任

作为发包人需要对承包人承担连带责任的法律前提是违法发包，即承包人没有相应资质或者安全生产条件。根据《国务院办公厅关于进一步加强松材线虫病预防和除治工作的通知》《国家林业局关于印发松材线虫病疫区和疫木管理办法的通知》的相关规定，对于松材线虫病疫木的采伐，应在当地政府或林业主管部门组织下由专业队统一实施。重庆市森林病虫防治检疫站关于《忠县林业局关于松材线虫病防治有关问题的请示》的批复，同意忠县以乡镇为单位，将除治工作承包给个人，由承包人组建除治队伍。本案被告陈传贵作为承包人，在接受培训后，组建的除治队具有相应资质，被告农服中心将除治工作发包给被告陈传贵并不存在过错，故不应当承担连带赔偿责任。

2. 转包人是否应承担连带责任

被告陈传贵作为除治工作承包方，为谋取利益，未经发包人同意，将需要专业资质的除治工作转包给没有资质条件的被告阎光怀、聂剑勇，而且对阎光怀、聂剑勇的专业能力未进行审查，也没有对其进行专业培训，故应承担连带责任。

编写人：重庆市忠县人民法院　邹德胜

五、赔偿协议与标准

37

如何判断一方当事人主张的误工费、护理费的标准和数额是否合理

——马炳强诉大理州力达能源实用技术研究所提供劳务者受害责任案

【案件基本信息】

1. 裁判书字号

云南省大理市人民法院（2014）大民初字第552号民事判决书

2. 案由：提供劳务者受害责任纠纷

3. 当事人

原告：马炳强

被告：大理州力达能源实用技术研究所

【基本案情】

原告马炳强于2011年3月经人介绍到大理州力达能源实用技术研究所做电焊工，双方未签订书面《劳动合同》，双方约定原告每月工资1500元，按月支付。2012年1月29日上午9时，被告车间屋顶的瓦被风吹落，原告与其他工友爬到屋顶更换瓦片，原告上到屋顶时不慎踩空，跌落到地下受伤。原告的工友将原告送到大理市第一人民医院治疗，经诊断原告右跟骨爆裂性骨折；L1椎体压缩性折、继发椎管狭窄。原告在大理市第一人民医院治疗37天后出院。2012年8月10日，原告到大理江尾“飞龙正骨医院”治疗，用于医疗费144.3元。2013年2月27日，

原告因做右跟骨钢板和螺钉取出术，第二次住院治疗 15 天。在原告的两次住院治疗期间，被告直接向医院支付了医疗费，并向原告亲属预支护理费、伙食补助费 11650 元。原告受伤后，被告按 1500 元/月的标准，支付给原告从受伤日起至 2013 年 8 月工资 19888 元。两项合计被告共预先支付原告人民币 31538 元。2013 年 10 月 8 日原告单方委托大理滇西司法鉴定中心对其伤残程度、后续治疗费进行鉴定，原告的伤残鉴定意见结论为：腰椎的损伤为十（×）级伤残；后续医疗费为 4500 元至 5000 元间。原告为此支出鉴定费 1300 元。原告为做该鉴定支出材料检查费 548.6 元。被告对原告自行鉴定的伤残等级、后续治疗费、鉴定费支出等事实无异议。但对原告主张的“护理期”“误工期”的天数存在争议。2014 年 7 月 22 日，经被告申请，本院委托昆明医科大学司法鉴定中心对原告的“护理期”“误工期”作出了［2014］临床鉴字第 L629 号《法医临床鉴定意见书》。该鉴定意见结论原告的“护理期”为 105 日；“误工损失日”为 170 日。被告为此支出鉴定费 1000 元。原告提起诉讼后经本院多次调解，双方当事人未能达成协议。

【案件焦点】

1. 原告主张的“护理期”“误工期”的天数是否太长；2. 原告主张的赔偿金额标准是否太高。

【法院裁判要旨】

云南省大理市人民法院经审理认为：公民的身体健康受法律保护。原告在工作时受伤，本人并无过错，被告应当承担雇主的全部民事赔偿责任。原告的后续治疗费、误工费、护理费，根据《司法鉴定意见书》确认的相关数额和所需的误工和护理天数，以及受害人的收入状况、云南省上一年度居民服务及其他服务业在岗职工平均工资来确定和计算；住院伙食补助费可以参照上一年当地国家机关一般工作人员的出差伙食补助标准予以确定；残疾赔偿金根据原告丧失劳动能力程度或者伤残等级，按照受诉法院所在地上一年度城镇居民人均可支配收入标准，自定残之日起按二十年计算；原告支出的鉴定费根据鉴定费收据确定；原告主张门诊医疗费 144.3 元、材料检查费 548.6 元与本案有关联性，予以支持；原告此次损伤伤残等级为 +（×）级，对原告主张的精神抚慰金，不予支持；原告的其他无事实和法律依据的主张不予支持。

云南省大理市人民法院依照《中华人民共和国民法侵权责任法》第三十五条，《最高人民法院关于审理人身损害赔偿案件适用法律若干问题的解释》第十九条至二十五条的规定，判决如下：

一、由被告大理州力达能源实用技术研究所在本判决书发生法律效力之日起十日内赔偿原告马炳强残疾赔偿金、门诊医疗和检查费用、后续治疗费、护理费、误工费、住院伙食补助费、原告支出的鉴定费合计46031.9元。

二、驳回原告的其他诉讼请求。

【法官后语】

本案处理的重点在对于原告“护理期”“误工期”天数的确定，以及误工费、护理费的计算标准。原告原来主张的误工天数长达644天，误工费计算为86296元（644天×134元/天）；护理期长达180天，护理费计算为27000元（180天×150元/天）。被告对原告主张的“护理期”“误工期”天数提出异议。经被告申请，本院依法委托昆明医科大学司法鉴定中心对原告的“护理期” “误工期”作出［2014］临床鉴字第L629号《法医临床鉴定意见书》。该鉴定意见结论原告的“护理期”为105日，“误工损失日”为170日。最后原告的误工费确定为8500元（50元/天×170天）；护理费确定为10605元（101元/天×105天）。本案中本院依法启动司法鉴定程序，进行司法鉴定，制止了原告任意夸大损失的行为，防止被告多赔冤枉钱的现象发生。

编写人：云南省大理市人民法院　马萍

38

被扶养人生活费认定中的特殊情形

——艾宏印诉北京斋堂水暖服务部提供劳务者受害责任案

【案件基本信息】

1. 裁判书字号

北京市第一中级人民法院（2014）一中民终字第256号民事判决书

2. 案由：提供劳务者受害责任纠纷

3. 当事人

原告（上诉人）：艾宏印

被告（被上诉人）：北京斋堂水暖服务部

【基本案情】

艾宏印系退休人员，退休后领取国家发放的退休金，但仍具备劳动能力，故为增加收入，在领取退休金的同时又受雇于北京斋堂水暖服务部，并按月获取劳务报酬。某日，艾宏印与工友在北京市门头沟区斋堂镇后环路附近的公路边处施工，适有杨凯驾驶机动车经行该处，因未发现固定在道路上的钢丝绳，导致其驾驶的小客车前部与钢丝绳相接触，钢丝绳将正在此处施工的人员艾宏印割伤。经鉴定：艾宏印的伤残程度属八级，伤残率30%。艾宏印要求北京斋堂水暖服务部赔偿其各项损失，包括其妻子的被扶养人生活费144276元，共计385680.28元。

【案件焦点】

退休人员通过提供劳务赚取一定的收入，在劳务过程中受损害致残，其对无生活来源配偶的被扶养人生活费的诉讼请求应否支持。

【法院裁判要旨】

北京门头沟区人民法院经审理认为：关于被扶养人生活费，艾宏印向法院提供了其与王某莲的户口簿，证明其与王某莲系夫妻，但该证据不能佐证王某莲没有劳动能力又无其他生活来源，故法院对艾宏印的该项诉讼请求不予支持。故驳回了艾宏印关于被扶养人生活费的诉讼请求。

艾宏印持原审起诉意见提起上诉。北京市第一中级人民法院经审理认为，《中华人民共和国民法通则》第一百一十九条规定："侵害公民身体造成伤害的，应当赔偿医疗费、因误工减少的收入、残废者生活补助费等费用；造成死亡的，并应当支付丧葬费、死者生前扶养的人必要的生活费等费用。"《最高人民法院关于审理人身损害赔偿案件适用法律若干问题的解释》第二十八条规定："被扶养人生活费根据扶养人丧失劳动能力程度，按照受诉法院所在地上一年度城镇居民人均消费性支出和农村居民人均年生活消费支出标准计算。被扶养人为未成年人的，计算至十八周岁；被扶养人无劳动能力又无其他生活来源的，计算二十年。但六十周岁以上的，年龄每增加一岁减少一年；七十五周岁以上的，按五年计算。被扶养人是指受害人依法应当承担扶养义务的未成年人或者丧失劳动能力又无其他生活来源的成年近亲属。被扶养人还有其他扶养人的，赔偿义务人只赔偿受害人依法应当负担的部分。被扶养人有数人的，年赔偿总额累计不超过上一年度城镇居民人均消费性支出额或者农村居民人均年生活消费支出额。"

根据上述法律规定，被扶养人生活费赔偿的条件有三个：第一，扶养人因为侵权行为丧失全部或部分劳动能力；第二，扶养人因损害丧失全部或部分劳动能力并影响其收入；第三，被扶养人无劳动能力又无其他生活来源。具体到本案中，首先，虽艾宏印因伤害导致残疾，但是因艾宏印本人已经退休，享受退休人员的待遇，其可依法领取退休金而无需再通过自己的劳动获取收入，而艾宏印的伤残情况并不会导致其退休金的减少。其次，艾宏印在退休后再行从事一定的工作乃基于其个人意愿为改善生活水平提供劳务获取劳务报酬的行为，原审法院已经支持了艾宏印的残疾赔偿金，足以弥补其因残疾导致的获取劳务报酬能力的损害。故本案中，因艾宏印的伤残不会导致艾宏印收入的减少，原审法院不支持艾宏印被扶养人生活费的主张并无不当。故二审法院驳回了艾宏印的上诉请求。

【法官后语】

被扶养人生活费损害赔偿，是指加害人非法剥夺他人生命权，或者侵害他人健康权致其劳动能力丧失，造成受害人生前或者丧失劳动能力以前扶养的人扶养来源的丧失，应依法向其赔偿必要的扶养生活费的侵权赔偿制度。

对被扶养人生活费的法律性质，理论研究中一般有"扶养丧失说"和"继承丧失说"两种观点。我国《民法通则》第一百一十九条将被扶养人生活费规定为"死者生前扶养的人必要的生活费"实际上是采纳了"扶养丧失说"的观点。《侵权责任法》第十六条没有将被扶养人生活费作为一项独立的损害赔偿项目进行规定。有观点认为，这是因为"一般说扶养义务人是以自己收入的一部分作为扶养费用于被扶养人生活的。如果赔偿了受害人的经济收入，那么其中就应当包含他所扶养的人的扶养费，因为即使他生存时也只用其收入中的一部分扶养他所扶养的人。"所以，采用"继承丧失"一说的法律往往不单独规定被扶养人生活费。我国《侵权责任法》未明确规定“被扶养人生活费”的内容，与《民法通则》的相关规定并行适用，在客观上消解了“继承丧失说”与“扶养丧失说”在实践中的争议。但不以《侵权责任法》没有规定为由，否定被扶养人生活费作为一项独立请求权的存在。

被扶养人生活费赔偿的条件有三个：第一，扶养人因为侵权行为丧失全部或部分劳动能力；第二，扶养人因损害丧失全部或部分劳动能力并影响其收入；第三，被扶养人无劳动能力又无其他生活来源。本案中，艾宏印因侵权行为丧失部分劳动能力，被扶养人王某莲也已经达到法定退休年龄，且因属农村户口，无退休金，在实践中，当事人达到法定退休年龄可以推定为无劳动能力。一审法院认为，艾宏印向法院提供了其与王某莲的户口簿，证明其与王某莲系夫妻，但该证据不能佐证王某莲没有劳动能力又无其他生活来源，故一审法院对艾宏印的该项诉讼请求不予支持。对于一审法院的该解释，艾宏印无法接受。其在二审中补强了证据，以证明被扶养人王某莲确实丧失了劳动能力。所以本案在二审中具体分析了该案的案情，可以认定王某莲丧失了劳动能力，但这只是被扶养人生活费应予支持的条件之一，另有两个条件需要满足。本案中，二审判决的判理对该问题作了充分的说明。首先，虽艾宏印因伤害导致残疾，但是因艾宏印本人已经退休，享受退休人员的待遇，其可依法领取退休金而无需再通过自己的劳动获取收入，而艾宏印的伤残情况并不会导致其退休金的减少。其次，艾宏印在退休后再行从事一定的工作乃基于其个人意愿为改善生活水平提供劳务获取劳务报酬的行为，原审法院已经支持了艾宏印的残疾赔偿金，足以弥补其因残疾导致的获取劳务报酬能力的损害。故本案中，因艾宏印的伤残不会导致艾宏印收入的减少，因而没有支持艾宏印被扶养人生活费的主张。与此同时，也平息了艾宏印、王某莲对法院判决的不满，取得了良好的法律效果和社会效果。

编写人：北京市第一中级人民法院　唐兴华

六、雇员致害赔偿

39

雇员在从事雇佣活动中致雇主财产损害赔偿责任的认定

——谢俊辉诉伍小梅等提供劳务者致害责任案

【案件基本信息】

1. 裁判书字号

安徽省宣城市中级人民法院（2014）宣中民一终字第00125号民事判决书

2. 案由：提供劳务者致害责任纠纷

3. 当事人

原告（上诉人）：谢俊辉

被告（被上诉人）：伍小梅、杨欣怡、杨根木

【基本案情】

杨绍祥系杨根木之子、伍小梅丈夫、杨欣怡父亲，生前受谢俊辉雇请驾驶赣C×××××号货车从事货物运输。2012年6月27日7时许，杨绍祥驾驶赣C×××××号货车由宁国市竹峰往霞西方向行驶，至宁国市霞西镇府祝村沿河路段时，车辆侧翻入中津河中，造成杨绍祥死亡、车辆毁损。事故发生路段中津河东侧是中铁十局集团第三建设有限公司下设宁绩高速公路路基工程第四工段项目部施工工地。中津河涨水前，中铁十局集团第三建设有限公司因施工需要，在中津河河床筑建便道，拦截了中津河水流。中津河涨水时，水流改变流向，冲毁事故发生路段，导致本起事故发生。该事故经宁国市公安局交通管理大队调查：杨绍祥驾驶超载的赣C

×××××号重型自卸货车行驶至漫水路段未查明水情行驶，违反《中华人民共和国道路交通安全法实施条例》第六十四条："机动车行经漫水路或者漫水桥时，应当停车察明水情，确认安全后，低速通过"及《中华人民共和国道路交通安全法》第四十八条第一款："机动车载物应当符合核定的载质量，严禁超载……"的规定，在事故中存在过错。赣C×××××号重型自卸货车在事故后完全报废，经评估该车价值为183240元，评估费用1000元。谢俊辉向法院起诉，请求伍小梅、杨欣怡、杨木根在继承杨绍祥遗产范围内赔偿毁损车辆价值的30%即55272元及其他费用。

【案件焦点】

1. 雇员在从事雇佣活动中致雇主财产损害，雇员是否应当向雇主承担赔偿责任；2. 若应承担，则如何承担赔偿责任。

【法院裁判要旨】

安徽省宁国市人民法院经审理认为：杨绍祥生前受雇于谢俊辉，双方之间雇佣关系明确。杨绍祥作为雇员在雇佣活动中致雇主即谢俊辉财产损害，其赔偿应以故意或重大过失为前提。杨绍祥受谢俊辉安排驾驶赣C×××××号重型自卸货车拖沙（超载），行至宁国市霞西镇府祝村沿河路段时，因中津河涨水，水流改变流向，冲毁部分路段，导致事故发生。虽然杨绍祥驾驶车辆路过漫水路段时未尽谨慎义务，但其并非明知部分路段已被冲毁仍然强行通行，故杨绍祥的行为不构成故意或者重大过失。赣C×××××号重型自卸货车载物质量并非由杨绍祥核定，且该车超载受益人是谢俊辉。谢俊辉要求杨绍祥的继承人即伍小梅、杨欣怡、杨根木在遗产继承范围内承担车辆损失赔偿责任缺乏事实和法律依据，不予支持。谢俊辉称其垫付的8770元，缺乏合法证据予以证实，对谢俊辉要求支付其垫付款8770元的诉讼请求不予支持。依照《最高人民法院关于民事诉讼证据的若干规定》第二条之规定，判决：

驳回谢俊辉的诉讼请求。案件诉讼费1401元，由谢俊辉负担。

原审宣判后，谢俊辉不服上诉。安徽省宣城市中级人民法院经审理认为：本案中，杨绍祥与谢俊辉系雇佣关系。谢俊辉作为雇主，应当承担雇佣工作中可能发生的人身、财产损害风险，并应依法采取相应的避免和分散风险措施。根据民法原理，杨绍祥作为雇员，如果在雇佣活动中致雇主即谢俊辉财产损害，承担赔偿责任应当以主观上具有故意或重大过失为前提，同时承担赔偿责任的范围与其雇佣劳动收入相比不应超出合理限度。根据本案事实、证据，杨绍祥就事故发生虽有一定过失，但不构成故意或者重大过失，故谢俊辉要求杨绍祥一方承担损害赔偿责任不能成立。同时，谢俊辉作为雇主，无论从法理还是情理上讲，在杨绍祥死亡事故发生后，安排尸体打捞均是其应尽义务，其要求伍小梅、杨欣怡、杨根木支付垫付款不能成立。综上，原审判决结果正确，应予维持。谢俊辉的上诉请求不能成立，不予支持。依照《中华人民共和国民事诉讼法》第一百七十条第一款第（一）项之规定，判决如下：

驳回上诉，维持原判。

【法官后语】

针对本案争议焦点问题，司法实践中存在不同认识观点：一种观点认为，现行法律没有明文规定雇员应当就雇主所受财产损害向雇主承担赔偿责任，故雇员不承担赔偿责任；第二种观点认为，雇员只要对雇主所受财产损害主观上有过错，应基于其过错承担相应赔偿责任；第三种观点认为，雇员只有在主观上故意或者重大过失情形下，才应对雇主所受财产损害承担赔偿责任，且只承担有限赔偿责任。本案采纳了第三种观点，理由如下：

1. 根据法律和司法解释规定，可以推导出雇员应在且仅在因故意或者重大过失致雇主财产损害时承担赔偿责任的结论

《侵权责任法》第三十五条规定："个人之间形成劳务关系，提供劳务一方因劳务造成他人损害的，由接受劳务一方承担侵权责任。……"《最高人民法院关于审理人身损害赔偿案件适用法律若干问题的解释》第九条第一款规定："雇员在从事雇佣活动中致人损害的，雇主应当承担赔偿责任；雇员因故意或者重大过失致人损害的，应当与雇主承担连带赔偿责任。雇主承担连带赔偿责任的，可以向雇员追偿。"根据这两条规定，雇员在从事雇佣活动中致他人损害的，对外赔偿责任主体一般情况下是雇主。但如果雇员主观上存在故意或者重大过失，雇员须与雇主对外承担连带赔偿责任，同时雇主有权向雇员追偿。即如果雇员因故意或者重大过失致他人损害，导致雇主对外承担赔偿责任，客观上造成雇主财产的减少，雇员须对此向雇主承担赔偿责任。对于雇员因故意或者重大过失致雇主本人财产损害情形，现

行法律和司法解释未作出明文规定，但就雇主因财产受损害而价值减少而言，与前述雇主因对外承担赔偿责任而造成财产的减少并无本质不同，因此参照上述两条规定，雇员须向雇主承担赔偿责任。当然，雇员仅在故意或重大过失情形对雇主承担赔偿责任，而在一般过失情形无须承担赔偿责任。

2. 从民法理论上分析，也应得出雇员应在且仅在故意或者重大过失情形下致雇主财产损害承担赔偿责任的结论

首先，根据民法原理，民事活动应当遵守法律，遵循公平合理、诚实信用原则。雇佣关系中，雇员对雇主的合法利益应予以谨慎注意。如果雇员未尽谨慎注意义务，故意或者出现重大过失，造成雇主财产损害，雇员理应对雇主承担赔偿责任。否则，雇主的生产经营活动会面临无法控制的雇员道德风险，雇佣关系难以为继。同时，雇佣关系中，雇主为优势和主导方，雇主对自身合法利益应尽高度注意义务，须采取有效措施保障雇佣活动安全，规避和分散生产经营风险。雇主不能将自己一方应尽的高度注意义务责任完全转嫁给雇员，而要求雇员对一般过失也承担赔偿责任。

其次，从雇佣双方利益关系看。雇佣关系中，雇主雇请雇员开展生产经营活动，所获得的利益为经营利益；雇员受雇于雇主从事雇佣活动，取得劳动报酬，以维持自身和家人的生存，雇员的利益为生存利益。两种利益相比较，雇主获得的经营利益价额远高于雇员取得的劳动报酬；而就法律保障的价值取向而言，生存利益应当优先于经营利益。因此，在雇主与雇员之间，不应对雇员课以高于雇主的注意义务和责任负担。

再次，从雇佣双方风险承受、规避、分散能力看。雇佣关系中，雇主雇请雇员开展生产经营活动，无论雇佣双方是否尽到各自应尽的注意义务，都有可能在一定概率内发生致损风险，该致损风险属于雇主应当承受的生产经营风险，并由雇主将风险损失分摊于生产经营成本中，以生产经营收益予以补偿。同时，现行经济法律制度为雇主规避、分散生产经营风险提供了有效途径，如保险等。相反，雇员除能尽一己之谨慎注意之外，无从分摊、分散致损风险。因此，雇主应当首先自身承担并规避、分散生产经营风险及损失，而不应对雇员课以过重的责任负担。

3. 需要进一步明确的是，雇员即使在重大过失情形下致雇主财产损害，承担的赔偿责任也是一种有限责任

基于上文分析的雇佣双方利益关系及风险承受、规避、分散能力的差别，在雇员即使因重大过失致雇主财产损害，雇员对损害后果承担的赔偿责任也应是一种有限责任。即雇主仍然应当首先由自己采取有效措施防范、分摊、分散雇员致损风险及损失，雇员须承担的赔偿责任金额与其雇佣劳动收入相比不应超出合理限度。当然，若存在雇员故意致害情形，雇员应当对其行为依法承担完全的民事责任。

编写人：安徽省宣城市中级人民法院　王瑶

40

雇员在雇佣活动过程中超出授权范围致人死亡雇主应承担赔偿责任

——肖庆元等诉中国人民财产保险股份有限公司新津支公司等机动车交通事故责任案

【案件基本信息】

1. 裁判书字号

四川省成都市中级人民法院（2014）成民终字第 1540 号民事判决书

2. 案由：机动车交通事故责任纠纷

3. 当事人

原告（被上诉人）：肖榕、肖庆元、赵秀娟、王俊英

被告（被上诉人）：刘建彬、周以明、盛洪林、中国人民财产保险股份有限公司新津支公司

被告（上诉人）：曹校菱

【基本案情】

原告肖榕、赵秀娟、肖庆元、王俊英分别系死者肖建华的女儿、妻子、父亲和母亲。2012 年 12 月 12 日上午，被告周以明驾驶川 A×××××号东风牌货车搭载被

告刘建彬沿国道108线由邛崃市往新津县方向行驶至固驿镇刘巷子53号时，被告周以明将车停驻在道路南侧后下车离去，但未拔去该车钥匙。9时，被告刘建彬持准驾车型为“D”型机动车驾驶证驾驶该车行驶至2302KM时，与前方同向道路右侧路边由肖建华未取得机动车驾驶证驾驶未登记的二轮摩托车相撞，造成肖建华受伤。肖建华受伤后被送往医院抢救，于当日死亡。被告刘建彬承担本次事故的主要责任。川A××××××号东风牌货车在被告中国人民财产保险股份有限公司新津支公司投保了交强险及商业险，事故发生在保险责任期间。川A××××××号东风牌货车的实际车主是被告曹校菱，盛洪林只是名义车主；被告刘建彬、周以明均系被告曹校菱的雇员，被告刘建彬系搬运工、被告周以明系驾驶员，事故发生在被告刘建彬、周以明履行职务期间。

【案件焦点】

雇员在雇佣活动过程中超出授权范围致人死亡，雇主是否应承担赔偿责任。

【法院裁判要旨】

四川省邛崃市人民法院经审理认为：《最高人民法院关于审理人身损害赔偿案件适用法律若干问题的解释》第九条规定：“雇员在从事雇佣活动中致人损害的，雇主应当承担赔偿责任；雇员因故意或者重大过失致人损害的，应当与雇主承担连带赔偿责任。雇主承担连带赔偿责任的，可以向雇员追偿。”前款所称“从事雇佣活动”，是指从事雇主授权或者指示范围内的生产经营活动或者其他劳务活动。雇员的行为超出授权范围，但其表现形式是履行职务或者与履行职务有内在联系的，应当认定为“从事雇佣活动”。本案中，被告刘建彬、周以明系被告曹校菱的雇员，本次事故发生在被告刘建彬、周以明履行职务的工程中，虽然被告刘建彬系搬运工，其驾驶车辆超出了雇主曹校菱的授权，但其表现形式是与履行职务有内在联系的，故应当认定为“从事雇佣活动”。被告刘建彬因重大过失造成肖建华的死亡，应当与雇主曹校菱承担连带赔偿责任，被告曹校菱承担赔偿后可向被告刘建彬追偿，被告周以明在本案中无重大过失行为故不应当承担民事赔偿责任；被告盛洪林系川A××××××号东风牌货车名义车主，该车的经营收益由被告曹校菱收取，并且本案中被告盛洪林并无过错，故被告盛洪林不承担本案的民事赔偿责任；本次交通事故经邛崃市交通警察大队认定，被告刘建彬承担本次事故的主要责任，死者肖建华承担本次事故的次要责任，故对超出交强险限额赔付部分由被告刘建彬、被告曹校菱承担。

邛崃市人民法院依照相关法律规定，判决如下：

一、被告中国人民财产保险股份有限公司新津支公司在本判决生效后十日内在交强险赔付限额内赔偿原告肖榕、肖庆元、赵秀娟、王俊英110000元。

二、被告刘建彬、曹校菱在本判决生效后十日内赔偿原告肖榕、肖庆元、赵秀娟、王俊英209581.15元。

三、驳回原告肖榕、肖庆元、赵秀娟、王俊英的其他诉讼请求。

曹校菱不服判决提起上诉。成都市中级人民法院经审理认为：在雇佣关系中，雇员的行为是基于雇主的指示实施的，是为了雇主的利益，在某种意义上系雇主行为的延伸。即使雇员有重大过失也不能将雇员行为视为其自身的单独行为，而仍然属于依据雇主指示所为的行为。本案中刘建彬的无照驾驶行为构成重大过失，但因该重大过失系发生在履行雇佣活动过程中，原审法院将其认定为从事雇佣活动的过程中造成他人损害，符合《最高人民法院关于审理人身损害赔偿案件适用法律若干问题的解释》第九条的相关规定，法院予以确认。曹校菱关于刘建彬驾驶车辆系其个人行为的上诉理由不能成立，对其上诉请求不予支持。综上，原审判决认定事实清楚，适用法律正确，应予维持。依照《中华人民共和国民事诉讼法》第一百七十条第一款第（一）项的规定，判决如下：

驳回上诉，维持原判。

【法官后语】

雇主责任体现了矫正正义，是侵权法上的一个重要制度，它来源于罗马法上的“损害责任随人身”的规则。即主人或父亲可以选择采用支付罚金的方式把加害人从受害人那里“赎回”，以消灭受害人的报复权。在民法上确立雇主责任的根本原因在于随着现代工商业的高度发展，市场分工的日益高端、精细、专业，使得很多经济行为的实施，单靠民事个体本身已无法完成，需要科学地组织调度、汇聚合力，雇佣活动显得既很频繁，同时也十分重要。在法律的设定之中，雇员是为雇主的利益而产生的，其所有行为都代表了雇主，雇主具有主导地位。而在法律的赔付上，雇主也更具有经济优势和给付能力。即是说，雇主责任的根本立法意图在于保护受害人的合法利益。

在本案的处理上，被告刘建彬、周以明虽然具体分工不同，但属于整体的货物运输行为，这是标准的法律意义上的雇佣活动。原告作为受害人，没有义务去深入了解刘建彬的驾驶行为是否在实质上超出了雇主曹校菱的合法授权，只需要证明刘建彬的行为在形式上与曹校菱存在雇佣关系这一内在逻辑关联，便有权利得到合法、充分的赔付。事实上，被告刘建彬的“越权”驾驶行为也可以归纳到存在“故意或者重大过失”之中，构成与雇主曹校菱承担连带赔偿责任的充分条件。另者，刘建彬的“越权”驾驶还反映出雇主曹校菱的管理不够完善，没有对雇员行为进行严格约束。对此，杨立新教授也指出，“只要雇主在选任、监督、管理上有疏于注意义务的心理状态，即应承担替代赔偿责任。”

编写人：四川省邛崃市人民法院　李耀东　赵烨

41

单方事故造成司机死亡，事故认定司机负全责，车主是否应当承担赔偿责任

——许顺青等诉兰得要等提供劳务者受害责任案

【案件基本信息】

1. 裁判书字号

河南省平顶山市中级人民法院（2014）平民劳终字第164号民事判决书

2. 案由：提供劳务者受害责任纠纷

3. 当事人

原告（上诉人）：孙秋丽、许某可、许某邦、许顺青、王棉

被告（被上诉人）：兰得要、平顶山市万源汽车运输有限公司（以下简称万源运输公司）、中国人民财产保险股份有限公司郑州市分公司（以下简称人民财产保险郑州公司）

【基本案情】

2012年10月5日17时30分许，许荣江驾驶豫D－×××××号解放牌重型自卸货车自南向北行驶至宝丰县李庄乡外口村路段时，车辆发生侧翻，造成许荣江、练某杰当场死亡，豫D－×××××号解放牌重型自卸货车及路边电力线杆、树木损坏。宝丰县公安交通警察大队经调查，认定许荣江应负该起事故的全部责任，练某杰无责任。

豫D－×××××号解放牌重型自卸货车的登记所有人为万源运输公司，实际所有人为兰得要，该车在人民财产保险郑州公司投保车上人员责任险（司机），责任限额100000元（不计免赔率），保险期间自2012年6月12日起至2013年6月11日止。受害人许荣江系职业货车司机，自2012年7月起受雇于兰得要开车。发生本案事故时，许荣江系为兰得要提供劳务。事故发生后，兰得要已为五原告垫付许荣江的丧葬费15000元。

五原告均为农村居民，许荣江之父为许顺青，许荣江之母为王棉，许荣江的长子为许某可，许荣江的次子为许某邦。

因本案事故，本院已作出（2012）宝民初字第1315号民事判决，判决认为受害人练某杰的赔偿权利人练某强、王某娟应得赔偿为丧葬费15151.5元（30303元/年÷2，按原告诉求）、死亡赔偿金363896元（18194.8元/年×20年，按原告诉求）、精神损害抚慰金50000元，共计415411.5元，扣除兰得要垫付的15000元，还应赔偿400411.5元，以上损失应由人民财险郑州分公司在豫D－×××××号解放牌重型自卸货车所投保交强险及第三者责任保险限额范围内予以赔偿。该案宣判后，人民财产保险郑州公司不服提起上诉，平顶山市中级人民法院于2014年4月16日作出（2014）平民终字第124号民事判决，判决驳回上诉，维持原判。

另查明，2012年度河南省在岗职工平均工资为34203元/年，城镇居民人均可支配收入为20442.62元/年，农村居民人均生活消费支出为5032.14元/年。

【案件焦点】

提供劳务者（司机）驾驶营运机动车辆过程中发生交通事故，公安交警部门认定驾驶人负事故全部责任，接受劳务者（车主）是否应当承担赔偿责任。

【法院裁判要旨】

河南省平顶山市宝丰县人民法院经审理认为：公民享有生命健康权。《侵权责任法》规定，行为人因过错侵害他人民事权益的，应当承担侵权责任；没有过错，但法律规定承担民事责任的，应当承担民事责任。个人之间形成劳务关系，提供劳务一方因劳务自身受到损害的，根据双方各自的过错承担相应的责任，即接受劳务一方应否承担赔偿责任及承担责任的大小，应当根据接受劳务一方对提供劳务一方自身受到损害有无过错及过错程度来确定。

本案中，许荣江驾驶机动车发生单方交通事故，虽然公安交警部门认定许荣江应负该起事故的全部责任，但兰得要作为接受劳务一方，是劳务活动的组织者和指挥者，同时也是劳务活动的监督者和风险防控者，对提供劳务一方的职业活动提供必需的保障是其应有的责任。兰得要疏于监督管理和安全保障，未有效防范本案事故的发生，其对许荣江的死亡有一定的过错，故兰得要以公安交警部门认定许荣江负交通事故全部责任，其本人对许荣江死亡无过错为由，辩称不应承担赔偿责任，其答辩理由不能成立。结合本案具体，其承担本案30%的赔偿责任较为符合实际。

以挂靠形式从事道路运输经营活动的机动车发生交通事故造成损害，属于该机动车一方责任，挂靠人和被挂靠人应承担连带赔偿责任。兰得要将其实际所有的运输车辆登记于万源运输公司名下，并以该公司的名义从事道路运输经营活动，故万源运输公司应与兰得要承担本案连带赔偿责任。

《中华人民共和国保险法》规定，责任保险的被保险人给第三者造成的损害，被保险人怠于请求保险人直接向该第三者赔偿保险金的，第三者有权就其应获赔偿部分直接向保险人请求赔偿保险金。故人民财产保险郑州公司应在豫D－×××××号解放牌重型自卸货车车上人员责任险限额范围内承担本案直接赔偿责任。

按照规定的标准和本案具体情况，受害人许荣江因交通事故死亡，五原告作为赔偿权利人，应获赔偿项目及数额为丧葬费17101.5元（34203元/年÷2）、死亡赔偿金449442.4元［其中死亡赔偿金为363896元（18194.8元/年×20年），被扶养人生活费为85546.4元（许顺青、王棉、许某可、许某邦四人共折合17年，17年×5032.14元/年）］，共计466543.9元。五原告请求赔偿的精神损害抚慰金数额过高，结合本案实际情况，其精神损害抚慰金以30000元较为符合实际，对超出该数额主张部分，本院不予支持。受害人许荣江为农村居民，五原告请求按照城镇居民标准计算许荣江的死亡赔偿金，证据不足，本院不予支持，但因本案事故受害人练某强死亡的死亡赔偿金为363896元，本院依法采用同一数额标准计算许荣江的死亡赔偿金，对五原告多计算的部分，本院不予支持。被扶养人有数人的，年赔偿总额累计不超过上一年度城镇居民人均消费性支出额或者农村居民人均年生活消费支出额。许顺青需扶养年限为16年、王棉为20年、许某可为10年、许某邦为15年，按照各自的扶养人人数，该四人的扶养费折合净扶养年限为17年，并应当以此计算该四人的扶养费总数，对超过该标准计算部分，本院不予支持。

五原告因亲属许荣江死亡发生的丧葬费、死亡赔偿金合计为466543.9元，应当由兰得要、万源运输公司连带赔偿其中30%，即139963.2元，扣除兰得要已支付的15000元后，还应支付124963.2元。该124963.2元，由人民财产保险郑州公司在车上人员责任险（司机）责任限额内支付100000元，不足部分24963.2元（124963.2元－100000元）由兰得要、万源运输公司连带支付。五原告的精神损害抚慰金30000元，应当由兰得要、万源运输公司连带赔偿。

综上，人民财产保险郑州公司应赔偿五原告损失100000元，兰得要、万源运输公司应连带赔偿五原告损失54963.2元（24963.2元＋30000元）。五原告的诉讼请求部分成立，本院部分予以支持。依照《中华人民共和国侵权责任法》第六条、第十六条、第十七条、第十八条、第二十二条、第二十六条、第三十五条，《最高人民法院关于审理人身损害赔偿案件适用法律若干问题的解释》第二十七条、第二十八条、第二十九条，《最高人民法院关于审理道路交通事故损害赔偿案件适用法律若干问题的解释》第三条，《中华人民共和国民事诉讼法》第六十四条、第一百五十二条之规定，判决如下：

一、中国人民财产保险股份有限公司郑州市分公司于本判决生效后15日内赔偿孙秋丽、许某可、许某邦、许顺青、王棉损失100000元；

二、兰得要、平顶山市万源运输有限公司于本判决生效后15日内连带赔偿孙秋丽、许某可、许某邦、许顺青、王棉损失54963.2元（已扣除兰得要已支付的15000元）；

三、驳回孙秋丽、许某可、许某邦、许顺青、王棉的其他诉讼请求。

宣判后，孙秋丽、许某可、许某邦、许顺青、王棉提起上诉，平顶山中级法院于2014年9月16日以同样的事实作出（2014）平民劳终字第164号民事判决，驳回上诉，维持原判。

【法官后语】

本案处理重点主要在于车主赔偿责任的认定。《侵权责任法》第六条规定："行为人因过错侵害他人民事权益，应当承担侵权责任。根据法律规定推定行为人有过错，行为人不能证明自己没有过错的，应当承担侵权责任。"第二十六条规定："被侵权人对损害的发生也有过错的，可以减轻侵权人的责任"。第三十五条规定："个人之间形成劳务关系，提供劳务一方因劳务造成他人损害的，由接受劳务一方承担侵权责任。提供劳务一方因劳务自己受到损害的，根据双方各自的过错承担相应的责任。"

具体到本案中，五原告与车主的意见分歧主要在于，五原告认为受害人许荣江系职业司机，受雇于兰得要开车。发生本案事故时，许荣江正在为兰得要提供劳务。《最高人民法院审理人身损害赔偿案件适用法律若干问题的解释》第十一条第一款规定："雇员在从事雇佣活动中遭受人身损害，雇主应当承担赔偿责任。雇佣关系以外的第三人造成雇员人身损害的，赔偿权利人可以请求第三人承担赔偿责任，也可以请求雇主承担赔偿责任。雇主承担赔偿责任后，可以向第三人追偿。"兰得要作为许荣江的雇主，是劳务活动的组织者和指挥者，应当对许荣江的死亡承担全部的赔偿责任。兰得要认为公安交警部门认定许荣江负交通事故全部责任，根据《侵权责任法》第三十五条的规定："提供劳务一方因劳务自己受到损害的，根据双方各自的过错承担相应的责任"。许荣江对本次事故负全部责任，那么兰得要在本次交通事故中不存在过错，不应承担赔偿责任。

宝丰县人民法院在审理本案过程中认为，许荣江驾驶机动车发生单方交通事故，虽然公安交警部门认定许荣江应负该起事故的全部责任，但兰得要作为接受劳务一方疏于监督管理和安全保障，未有效防范本案事故的发生，其对许荣江的死亡有一定的过错，并酌定其责任比例为30%。平顶山市中级人民法院在二审过程认为，《侵权责任法》规定，行为人因过错侵害他人民事权益的，应当承担侵权责任；没有过错，但法律规定承担民事责任的，应当承担民事责任。个人之间形成劳务关系，提供劳务一方因劳务自身受到损害的，根据双方各自的过错承担相应的责任，即接受劳务一方应否承担赔偿责任及承担责任的大小，应当根据接受劳务一方对提供劳务一方自身受到损害有无过错及过错程度来确定。五原告并没有提供充分证据证明兰得要提供的车辆不具备安全驾驶条件或兰得要致使许荣江处于非安全行驶状况。故认为一审将兰得要的责任比例酌定为30%是适当的。

本案属于提供劳务者受害责任纠纷案件，应当适用《侵权责任法》第三十五条的规定，按照双方的过责任原则，由原告举证按照过错程度来最终确定提供劳务者与接受劳务者的责任分担问题。

编写人：河南省平顶山市宝丰县人民法院　王鹏珂

七、义务帮工受害赔偿

42

义务帮工行为中帮工人人身损害赔偿责任的承担

——鲁据荣诉鲁光香等义务帮工人受害责任案

【案件基本信息】

1. 裁判书字号

四川省成都市金牛区人民法院（2014）金牛民初字第747号民事判决书

2. 案由：义务帮工人受害责任纠纷

3. 当事人

原告：鲁据荣

被告：鲁光香、深圳市升阳升清洁服务有限公司四川分公司（以下简称四川分公司）、深圳市升阳升清洁服务有限公司

【基本案情】

鲁光香系被告四川分公司的员工，在公司从事清洁环卫工作。2013年8月13日，鲁光香驾驶三轮车在成都市金牛区平福路与泰宏路交叉口拖运垃圾，驾驶过程中发现三轮车出现故障，遂电话通知鲁据荣请求帮助进行修理。在修车过程中，鲁据荣被三轮车碾压造成左足受伤。鲁据荣受伤后被送至核工业四一六医院进行治疗，入院诊断为：左足碾压伤，左足毁损伤，左足残端感染。至2013年9月23日，鲁据荣治疗终结出院，共住院41天。鲁据荣出院后，就赔偿问题无法与被告达成协议，遂起诉至法院请求判令三被告赔偿其交通费2000元、住宿费1000元、生活

费1435元、护理费3280元、误工费4100元、营养费820元、残疾赔偿金162456元、被扶养人生活费78260元、辅助器具费44000元，并由三被告承担本案诉讼费。

2013年11月20日，鲁据荣委托四川求实司法鉴定所对其伤残等级进行鉴定，2013年11月20日，四川求实司法鉴定所作出川求实鉴【2013】临鉴6034号法医学鉴定意见书，其鉴定意见为："被鉴定人鲁据荣的伤残等级为七级。"诉讼过程中，被告升阳升公司申请对鲁据荣的伤残等级进行重新鉴定，2015年5月29日，四川华西法医学鉴定中心作出法临2014－1533号法医学鉴定书，其鉴定意见为："鲁据荣左中足平面截趾术后属七级伤残"。

2014年2月14日，英中耐（成都）假肢矫形器有限公司作出诊断证明，鲁据荣伤口愈合后，适合安装SMA－04型号假肢，参考价格为11000元，假肢使用年限"……50（含50遂）－70岁，按每九年更换壹次……"。

另查明，鲁据荣有一个女儿鲁某希，生于2005年12月18日。鲁据荣及鲁某希的户口性质系农业人口，鲁据荣长期在成都市务工。

【案件焦点】

义务帮工行为中，帮工人人身损害赔偿责任的承担。

【法院裁判要旨】

四川省成都市金牛区人民法院经审理认为：本案中，鲁据荣不是四川分公司员工，根据四川分公司的员工鲁光香的请求实施了帮工行为，导致自身受到损害，根据最高人民法院《关于审理人身损害赔偿案件适用法律若干问题的解释》的规定，被告四川分公司应当承担相应的赔偿责任。鲁光香作为四川分公司的员工，其所使用的垃圾运输车辆发生故障后请人维修，系一种职务行为，车辆维修义务应当由被告四川分公司承担。

鲁据荣在自身不具有专业的维修技术情况下，仍应鲁光香的请求而修理垃圾运输车，导致损害事实的发生，故鲁据荣自身存在重大过错，应当自行承担部分责任，酌定由原告鲁据荣自行承担40%的责任。

四川省成都市金牛区人民法院依照《中华人民共和国侵权责任法》第二十六条，《中华人民共和国公司法》第十四条，《最高人民法院关于审理人身损害赔偿案件适用法律若干问题的解释》第十四条第一款、第十七条之规定，作出如下判决：

一、深圳市升阳升清洁服务有限公司于本判决生效后10日内向鲁据荣支付163761.84元；

二、驳回鲁据荣的其他诉讼请求。

该案一审宣判后，原被告在法定期限内均没有上诉，判决已经发生法律效力。

【法官后语】

本案是一起典型的义务帮工致帮工人损害的民事赔偿案件。

根据法律规定，一方面，帮工人在帮工活动中致人损害的，由被帮工人承担赔偿责任。另一方面，基于帮工具有无偿性考虑。帮工人是为被帮工人无偿提供劳务的人，帮工人不收取报酬是出于亲朋好友的情分；被帮工人是受益人，且在帮工过程中也有义务对帮工活动进行必要的指导，发生帮工人致人损害的事实，就推定被帮工人存在疏于指导和管理的过错，在主观上存在一定的过错，即使帮工人在帮工过程中存在一般过失，被帮工人也应当承担全部的侵权赔偿责任。

当帮工人存在故意或者重大过失时，赔偿权利人有权请求帮工人和被帮工人承担连带责任。一方面规定了帮工人应当承担赔偿责任，另一方面也列举了应当负担赔偿的要件，即要在帮工人存在故意或者重大过失的情况下。若规定为任何情况下被帮工人都要承担赔偿责任，无疑会加重被帮工人的责任，放纵帮工人的行为，甚至有可能导致道德危机。

本案中，在帮工人存在故意或者重大过失的情况下，应当依法减轻受益人四川分公司的赔偿责任。但是无论如何减轻四川分公司的赔偿责任，本案都不能脱离鲁据荣为鲁光香无偿帮工这一背景，应适用公平原则，由被告承担相应的补偿责任。因四川分公司不具有法人资格，故相应民事责任由被告深圳市升阳升清洁服务公司承担。这样的判决结果，既能以此鼓励社会公众助人为乐和相互协作，也能充分体现法律在支持和树立社会公序良俗具有重要作用的价值。

编写人：四川省成都市金牛区人民法院 刘福猛

43

义务帮工受害如何承担责任

——陆春雷等诉杜广德等义务帮工人受害责任案

【案件基本信息】

1. 裁判书字号

新疆维吾尔自治区石河子市人民法院（2014）石民初字第4000号民事判决书

2. 案由：义务帮工受害责任纠纷

3. 当事人

原告：陆春雷、刚强、刚丽、刚卫、董风珍

被告：杜广德、杨春祥、杜军

【基本案情】

原告董风珍与刚明德（2012年2月去世）系夫妻关系，生有长子刚宝安、次子刚宝昌、三子刚宝江、长女刚宝枝。刚宝安与原告陆春雷系夫妻关系，生有长子刚强、次子刚卫、长女刚丽。被告杜广德与被告杨春祥系夫妻关系，被告杜军系被告杜广德与被告杨春祥之子。

原告陆春雷家与被告杜广德、杨春祥家是对门邻居。2013年9月21日下午，原告的丈夫刚宝安与被告杨春祥在一起打牌，刚宝安得知被告家的灯坏了到被告家去帮忙修灯，因当时材料不齐全故未修理。次日9时许，刚宝安再次到被告杜广德、杨春祥家中帮忙修灯。刚宝安站在被告家凳子上修灯时因站立不稳，遂从凳子上跌落至地上，造成头部受伤。原告及其家人将受害人送至石河子市人民医院进行治疗，其伤情主要诊断为：创伤性颅内出血等。原告为此支出医疗费579.44元。2013年9月22日，原告将受害人刚宝安转入石河子大学医学院第一附属医院进行治疗，经诊断为：多发性大脑挫裂伤；创伤性蛛网膜下腔出血；创伤性硬膜下血肿；颅骨骨折吸入性肺炎。同月24日，刚宝安经抢救无效死亡。原告为此支出医疗费 45117.16 元。事发后，被告杨春祥、杜广德给付原告现金 21900 元。

另查明：1. 新疆生产建设兵团 2013 年度城镇居民人均可支配性收入为 23138 元、城镇居民人均消费性支出为 16968 元。

2. 刚宝安死亡时已满 69 周岁。被告杜广德、被告杨春祥目前已在石河子市二十三小区 5×栋 3××号的房屋居住 19 年。被告杜军在石河子市四小区 7×栋 2××号居住。

3. 根据国家相关规定，原告董凤珍按月领取生活补助费 800 元。

【案件焦点】

1. 刚保安与陆春祥是否形成义务帮工关系；2. 刚保安的死亡与陆春祥、杜广德是否存在因果关系；3. 陆春祥、杜广德是否在本案中承担赔偿责任。

【法院裁判要旨】

新疆维吾尔自治区石河子市人民法院经审理认为：根据《最高人民法院关于审理人身损害赔偿案件若干问题的解释》第十四条第一款的规定："帮工人因帮工活动遭受人身损害的，被帮工人应当承担赔偿责任。被帮工人明确拒绝帮工的，不承担赔偿责任；但可以在受益范围内予以适当补偿。"帮工人刚宝安在帮助被告杜广德、被告杨春祥家里修灯时受伤并经抢救无效死亡，因被告未向本院出示明确拒绝帮工的相关证据，刚宝安为被告杜广德、被告杨春祥义务帮工成立。作为被帮工人的被告杜广德、被告杨春祥应当对原告的损失负 60% 的责任。故被告杜广德、杨春祥在庭审中辩解此事属意外事件，被告不应当承担责任的理由不能成立，也与相关法律规定相悖，本院不予采信。刚宝安在帮工过程中，在未确保自身安全的情况下，为被告杜广德、被告杨春祥家修灯，致使自己不慎摔倒受伤，经抢救无效死亡，其行为具有一定的过错，可以减轻被帮工人被告杜广德、被告杨春祥的责任，其应当自行负担 40% 的责任。

因国家按月发给原告董凤珍 800 元生活补助费，董凤珍有固定生活来源，故原告董凤珍要求赔偿其生活费的请求，本院不予支持。

事发时，被告杜军不在现场，也不在出事的房屋居住；且原告亦无证据证实被告杜军在此次事件中存在过错，故本院对原告要求被告杜军在本案中承担责任的请求，本院不予支持。

根据本案查明的事实，本院对原告的损失确认如下：

1. 医疗费，原告为在治疗刚宝安的伤情期间花费的医疗费共计支出医疗费45696.6元（5117.16元+579.44元），各被告无异议，本院予以认定。

2. 丧葬费，丧葬费按照受诉法院所在地上一年度职工月平均工资标准，以六个月总额计算。因此次事故造成刚宝安死亡，按照2013年度新疆生产建设兵团在岗职工平均工资标准进行计算，原告刚宝安的丧葬费应为22021.50元（44043元/年÷2）。

3. 死亡赔偿金，死亡赔偿金按照受诉法院所在地上一年度城镇居民人均可支配收入或者农村居民人均纯收入标准，按二十年计算。但六十周岁以上的，年龄每增加一岁减少一年；七十五周岁以上的，按五年计算。按照2013年度新疆生产建设兵团城镇居民人均可支配收入标准进行计算，此项损失为死亡赔偿金254518元（23138元/年×11年）。

依照《中华人民共和国侵权责任法》第十六条、第二十六条，《最高人民法院关于审理人身损害赔偿案件若干问题的解释》第十四条第一款、第十七条第三款、第十九条、第二十七条、第二十八条、第二十九条（具体法律条文附后）的规定，判决如下：

一、被告杜广德、杨春祥赔偿原告陆春雷、原告刚强、原告刚丽、原告刚卫、原告董风珍医疗费27417.96元（45696.60元×60%）；

二、被告杜广德、杨春祥赔偿原告陆春雷、原告刚强、原告刚丽、原告刚卫、原告董风珍丧葬费13212.90元（21021.50元×60%）；

三、被告杜广德、杨春祥赔偿原告陆春雷、原告刚强、原告刚丽、原告刚卫、原告董风珍死亡赔偿金152710.80元［（254518元）×60%］；

上述款项合计171441.66元（27417.96元+13212.90元+152710.80元），扣除被告杜广德、杨春祥已支付的21900元，余款为149541.66元（171441.66元-21900元），被告杜广德、杨春祥于本判决生效之日起十日内给付五原告。

四、驳回原告陆春雷、原告刚强、原告刚丽、原告刚卫、原告董风珍要求被告杜军在本案中承担责任的诉讼请求；

五、驳回原告陆春雷、原告刚强、原告刚丽、原告刚卫、原告董风珍的其他诉讼请求。

被告杜广德、被告杨春祥不服向第八师中级人民法院提起上诉，后又撤回上诉。

【法官后语】

邻居相互帮忙是我国公民的传统美德，但是如果因帮忙造成伤害，这就上升成为法律问题。《最高人民法院关于审理人身损害赔偿案件适用法律若干问题的解释》第十四条第一款规定："帮工人因帮工活动遭受人身损害的，被帮工人应当承担赔偿责任。被帮工人明确拒绝帮工的，不承担赔偿责任；但可以在受益范围内予以适当补偿。"

本案中，原告陆春雷的丈夫刚宝安与被告杨春祥在一起打牌时，得知杨春祥家的灯坏了，遂到杨春祥家去帮忙修灯，因当时材料不齐全故未修理。次日早晨九时许，刚宝安再次到被告杨春祥家中帮忙修灯。刚宝安站在被告家凳子上修灯时因站立不稳，遂从凳子上跌落至地上，造成头部受伤，后经抢救无效死亡。在刚保安先后两次为杨春祥家帮忙修灯时，杨春祥及其丈夫杜春雷均没有表示拒绝，故刚保安与杨春祥、杜春雷的义务帮工关系是成立的，因此，杨春祥和杜广德应当对义务帮工人刚保安在帮工活动中遭受的人身伤害负赔偿责任。但是，由于刚保安在为杨春祥、杜春雷修灯时，所站立的凳子不稳，不慎跌倒在地，直至经抢救无效死亡，因此，帮工人刚保安在帮工过程中自身具有一定的过错，应当减轻接受帮工人的责任。因刚保安死亡，作为刚保安的近亲属即刚保安之妻陆春雷，之子刚强、刚卫，之女刚丽，之母董风珍有权向法院起诉，要求被告杨春祥、杜春雷赔偿因刚保安死亡所遭受的损失，本案如此判决也符合我国的道德、伦理及相关法律规定的基本原则。

编写人：新疆维吾尔自治区石河子市人民法院　杜世成

44

帮工意外受伤，受益人应否承担责任

——朱恩能诉朱恩富、刘高龙义务帮工人受害责任案

【案件基本信息】

1. 裁判书字号

云南省曲靖市中级人民法院（2014）曲中民终字第613号民事判决书

2. 案由：义务帮工人受害责任纠纷

3. 当事人

原告（被上诉人）：朱恩能

被告（上诉人）：朱恩富、刘高龙

【基本案情】

原告朱恩能与被告朱恩富、刘高龙系同村人。2012年1月27日，朱恩富请朱恩能建房下地基，在帮工过程中，因刘高龙家的山墙倒塌，造成朱恩能受伤。当天，朱恩富、刘高龙将朱恩能送至宣威市中医院住院治疗。

原告朱恩能诉称，我与被告系同村人，2012年1月27日，我在帮被告朱恩富家建房过程中，被刘高龙家的山墙倒塌致伤。二被告送我去宣威市中医院住院治疗，住院83天，被告朱恩富在支付了医疗费44000元后就外出打工。请求法院判令二被告赔偿我的医疗、误工等费用91886元。

被告朱恩富辩称，原告起诉时已经超过诉讼时效；原告受伤是因被告刘高龙家山墙倒塌所致，原告不是在帮工过程中受伤，与被告朱恩富没有法律上因果关系，被告朱恩富不承担责任；原告住院期间基本由朱恩富护理，被告除支付44000元医疗费外还额外支付其他费用15900元；原告鉴定的伤残等级及后期治疗费过高，不应得到支持。原告的诉讼请求缺乏事实依据，请求法院驳回原告的诉讼请求。

被告刘高龙辩称，原告是在帮被告朱恩富家建房过程中受伤，我家的山墙倒塌

也是受被告朱恩富家建房影响，我不承担任何责任。

【案件焦点】

1. 朱恩能的伤是否是在帮工过程中造成的；2. 刘高龙在本案中是否承担赔偿责任；3. 朱恩能的伤应由谁承担赔偿责任。

【法院裁判要旨】

云南省宣威市人民法院经审理认为：依照《最高人民法院关于审理人身损害赔偿案件适用法律若干问题的解释》第十四条第一款之规定，原告朱恩能受被告朱恩富的邀请，为朱恩富家建房下地基提供义务帮工，双方之间形成义务帮工关系。原告朱恩能在提供义务帮工过程中受伤，被告朱恩富作为接受义务帮工及受益一方，应当承担赔偿责任。被告朱恩富关于原告朱恩能的伤不是在义务帮工过程中造成的辩称，未能提供相应证据予以证实，本院不予支持；被告刘高龙与原告朱恩能不存在义务帮工关系，且原告朱恩能及被告朱恩富均未能举证证实刘高龙存在过错，故被告刘高龙在本案中不承担赔偿责任。如被告朱恩富认为原告朱恩能的伤系第三人造成的，可在承担赔偿责任后另案起诉。原告朱恩能受伤后，经过住院治疗、鉴定，整个医治过程至2013年3月6日才结束，并未超过诉讼时效，被告关于本案已超诉讼时效的抗辩理由依法不能成立，本院不予支持。被告朱恩富主张支付15900元的其他费用，除原告朱恩能认可的1500元外，其未提供相应证据证实，本院不予支持。原告朱恩能作为完全民事行为能力人，在为被告朱恩富义务帮工过程中，未在合理限度内尽到自身的安全注意义务，以致造成损害的后果，其本人应当适当承担责任。原告朱恩能的损失包含的赔偿项目及数额本院依法确认为：1. 医疗费52371.93元。2. 住院伙食补助费4150元（83天×50元）。3. 护理费，原告住院天数为83天，被告朱恩富陪护30天，护理费应按53天计算，计算标准参照云南省2012年度农、林、牧、渔业年度职工的平均工资23018元计算，护理费为3342元（23018元÷365天×53天），对原告诉讼请求超出部分本院不予支持。4. 误工费，原告住院天数为83天，宣威市中医院出院医嘱并未注明出院后需要休息天数，宣威利民司法鉴定中心亦未鉴定原告的误工损失日，故原告的误工时间为83天，计算标准参照云南省2012年度农、林、牧、渔业年度职工的平均工资23018元计算，原告的误工费为5234元（23018元÷365天×83天），对原告诉讼请求超出部分本院不予支持。5. 交通费，结合原、被告的庭审陈述及双方提交的证据，本院酌情认定200元。6. 伤残赔偿金参照云南省2012年农村居民人均纯收入5417元为标准计算为21668元（5417元×20年×20%）。7. 后期治疗费20000元及鉴定费1300元。以上合计108265.93元。结合原告朱恩能的过失程度，对原告朱恩能的损失，被告朱恩富应当承担90%的责任，原告朱恩能自行承担10%的责任，即朱恩富承担上述损失的90%即97439元，朱恩能自行承担10%即10826元。被告朱恩富已支付医疗费44000元，其他费用1500元，以及原告经宣威市新型农村合作医疗管理委员报销减免所得30444.40元（合计75944.4元），应在被告朱恩富承担的赔偿数额内予以扣除，即朱恩富除已支付的费用外，尚应承担21495元。据此作出判决如下：

一、朱恩富赔偿原告朱恩能人民币21495元，限于判决生效后30日内支付。

二、被告刘高龙在本案中不承担赔偿责任。

三、驳回原告朱恩能的其他诉讼请求。

朱恩富持原审起诉意见提起上诉。云南省曲靖市中级人民法院经审理认为：朱恩能受朱恩富的邀请，为朱恩富家建房下地基提供义务帮工，朱恩能在提供义务帮工过程中受伤的事实有证人朱某勋及双方的一审陈述相印证，故朱恩富应当承担赔偿责任。朱恩能系完全民事行为能力人，在帮工过程中，未尽到自身安全注意义务，一审判决其承担10%的责任并无不当，朱恩富没有证据证实朱恩能在帮工过程中有重大过程，应承担举证不能的后果。朱恩富对证人证言没有异议，且证人证言证实了朱恩能受伤的事实，原判采信证人证言并无不当。对于原判未能采信朱恩能提交的护理证明，但其住院83天，朱恩富陪护了30天，原判按53天计算护理费是符合本案实际的。经本院核实开庭前承办法官一直对本案做调解工作，后调解无果才开庭，程序并不违法。

综上，依法作出如下判决：

驳回上诉，维持原判。

【法官后语】

家里有事，邻里亲友来帮忙，体现了中华民族助人为乐的传统美德。尤其在广大农村，农民建房、种地、打场等生产劳动以及操办婚丧嫁娶过程中极为普遍。在此过程中发生意外伤害，不考虑承担责任的被帮工人有无过错，只要义务帮工人从事帮工活动受到损害，被帮工人就应当承担赔偿责任。

根据《最高人民法院关于审理人身损害赔偿案件适用法律若干问题的解释》第十三条的规定，帮工是指自愿无偿地为他人提供劳务。严格来说，“帮工”一词实际上并非法律术语，而应该是一种常用的生活用语。在现实生活中尤其是在农村中，大家已经习惯地将一方为另一方无偿提供劳务的活动称为帮工。由于“帮工”一词并不具有十分清楚的内涵，所以很难将其归为某种类型的有名合同。在帮工这样一种关系中，帮工人是指为他人无偿提供劳务的人，被帮工人是接受他人提供无偿劳务的人，帮工人一般是自然人，而被帮工人可以是自然人，也可以是非自然人。

帮工关系具有明显的法律特征：1. 帮工合同是无偿的，具有明确的无偿性特征，帮工人不向对方要求给付报酬，如果帮工人要求对方支付报酬，不管该报酬是以金钱方式、劳务方式或其他方式体现出来，则会彻底改变法律关系的属性；2. 帮工合同是单务合同。帮工关系中，仅要求帮工人一方负担给付义务，不需要对方负担给付义务，也就是说帮工人向被帮工人提供帮工不需要被帮工人提供某种给付为对价；3. 帮工关系具有互助、临时、一次性消费等特点。

本案中，朱恩能受同村朱恩富的邀请去“帮忙”，其行为已经符合了义务帮工的特点，系义务帮工行为。

《最高人民法院关于审理人身损害赔偿案件适用法律若干问题的解释》第十四条第一款规定，帮工人因帮工活动遭受人身损害的，被帮工人应当承担赔偿责任。被帮工人明确拒绝帮工的，不承担赔偿责任；但可以在受益范围内予以适当补偿。本案中，朱恩能在帮工过程中，因为对自身安全的不注意导致了自身受伤的事实，在这个关系中，朱恩富是帮工的受益者，其对帮工者受伤应当承担赔偿责任。本案中，考虑因朱恩能的大意导致的受伤，其自身应当承担一部分责任，故因扣除朱恩富的一部分责任，由朱恩能自身承担10%的责任。

编写人：云南省宣威市人民法院　柴姣

45

义务帮工人之人身损害赔偿责任承担

——张丰山诉安丘经济开发区管理委员会等健康权案

【案件基本信息】

1. 裁判书字号

山东省潍坊市安丘市人民法院（2014）安民初字第246号民事判决书

2. 案由：健康权纠纷

3. 当事人

原告：张丰山

被告：安丘经济开发区管理委员会（以下简称开发区管委会）、安丘经济开发区河北张排村村民委员会（以下简称张排村委会）、王开春

【基本案情】

2012年3月7日，张丰山所在自然村（西张排）五保老人王某成去世。村委告知王某成亲属：办理丧葬事宜即可，火化等丧葬费用按政策由政府承担。张丰山和被告王开春均为该村村民，依乡村风俗参与了丧葬事宜的帮工。王开春驾无牌机动三轮车载张丰山等多名参与埋葬的村民去往坟场途中，因岭坡路不平等原因，导致张丰山跌落，构成九级伤残。镇政府和村委会懈怠和欠作为是本案伤害事故发生的根本原因。张丰山认为，依公序良俗参与五保老人丧葬事宜的无偿帮工，被帮工人是镇政府和村委会。帮工人因帮工活动遭受人身损害的，被帮工人应当承担赔偿责任。因此请求三被告共同赔偿其损失。被告开发区管委会、张排村委会认为原告起诉他单位主体不适格，起诉的事实和理由不成立。他单位无过错，所以不承担赔偿责任，原告起诉已超出诉讼时效一年。被告王开春认为，张排村委会让他去无偿帮忙，原告是在帮工过程中受的伤，他作为义务帮工人不应承担赔偿责任。

【案件焦点】

1. 原告起诉要求三被告赔偿其损失是否超出诉讼时效；2. 原告因此次伤害造成的经济损失数额；3. 原告在无偿帮工活动中遭受损失应由谁承担赔偿责任，即本案的赔偿义务主体。

【法院裁判要旨】

山东省潍坊市安丘市人民法院经审理认为：原告张丰山在无偿帮工处理农村五保供养对象王某成丧葬事宜时，从被告王开春驾驶的农用机动三轮车摔下受伤的事实，三被告均无异议，依法应予确认。关于争议焦点一，原告受伤后一直处在主张权利的状态，被告张排村村委会也欲通过为原告夫妻办理低保等形式对原告进行适当补偿，但未得到原告的同意。原告不间断索赔的行为使原告侵权之诉的诉讼时效不断中断，故原告起诉要求三被告承担赔偿责任，未超出诉讼时效。关于争议焦点二，原告因伤造成的损失数额，按照相关标准计算，共计为 110401.16 元。关于争议焦点三，本案的赔偿义务主体。本案中，确定赔偿义务主体的前提是确定此次丧葬活动的被帮工人。在本次帮工活动中，被告张排村村委会为被帮工人。故原告要求被告张排村村委会承担赔偿责任，依法应予支持。被告开发区管委会管理其行政区域内的农村五保供养工作，其仅为管理责任，并不负责办理丧葬事宜，故被告开发区管委会并非被帮工人；为他人无偿提供劳务的帮工人，在从事帮工活动中致人损害的，被帮工人应当承担赔偿责任。被告王开春在原告受伤过程中存在一定过错，但并非故意及重大过失，故原告要求被告开发区管委会、王开春承担赔偿责任不符合法律规定，依法不予支持。

安丘市人民法院依照《中华人民共和国侵权责任法》第十六条、第二十二条、第二十六条，《最高人民法院关于审理人身损害赔偿案件适用法律若干问题的解释》第十三条、第十四条、第十七条、第十八条，《最高人民法院关于确定民事侵权精神损害赔偿责任若干问题的解释》第一条、第十条之规定，作出如下判决：

一、原告张丰山因伤造成的医疗费、误工费、护理费、残疾赔偿金、住院伙食补助费、交通费、营养费、后续治疗费、法医鉴定费共计 110401.16 元，由被告安丘经济开发区河北张排村村民委员会赔偿 80%，计款 88320.9 元，于本判决生效后十日内付清；

二、被告安丘经济开发区河北张排村村民委员会赔偿原告张丰山精神损害抚慰金2000元，于本判决生效后十日内付清；

三、驳回原告张丰山要求被告安丘经济开发区管理委员会、王开春承担赔偿责任的诉讼请求。

【法官后语】

原告张丰山作为完全民事行为能力人，应当知晓农用机动三轮车不得载人的规定，且原告未尽充分的注意义务，未做好安全防护措施，致损害结果发生，故应当对自己的损失承担相应的民事责任。综合全案，确定张丰山自行承担20%的责任。该案件具有特殊性，该案虽属侵权纠纷，但系在义务帮工过程中发生的人身损害，根据法律规定，应由被帮工人承担赔偿责任，但该案的被帮工人亦不明确，故在法律适用和责任主体的认定上，都具有典型性和特殊性。

编写人：山东省潍坊市安丘市人民法院　王英杰

46

在施工过程中受伤定性问题

——陈锦绍诉张良尾、陈清容义务帮工人受害责任案

【案件基本信息】

1. 裁判书字号

福建省莆田市中级人民法院（2014）莆民终字第346号民事裁定书

2. 案由：义务帮工人受害责任纠纷

3. 诉讼双方

原告（被上诉人）：陈锦绍

被告（上诉人）：张良尾

被告（被上诉人）：陈清容

【基本案情】

被告陈清容承揽被告张良尾的第二层砌砖工程后雇佣原告陈锦绍施工，原告陈锦绍负责搅拌水泥，每天工资人民币120元。2013年5月16日，被告陈清容叫原告陈锦绍上前与被告张良尾和被告张良尾哥哥张某龙一起抬罗马窗，因搭脚手架的杉木断掉致原告陈锦绍从二层坠落到地面后受伤，在仙游县医院、德化县医院、莆田学院附属医院总计住院治疗27天，期间花去的医疗费均由被告张良尾支付。2013年8月20日经福建恒信司法鉴定所鉴定原告陈锦绍的胸部损伤伤残等级为九级、头面部损伤伤残等级为十级，花去鉴定费人民币600元。在关于案件定性的问题上，原告陈锦绍、被告张良尾主张本案应定性为提供劳务者受害责任纠纷。而被告陈清容则主张原告陈锦绍无偿为被告张良尾抬罗马窗，系帮工行为，本案应定性义务帮工人受害责任纠纷。

【案件焦点】

原、被告之间的民事法律关系及责任分担比例。

【法院裁判要旨】

福建省仙游县人民法院经审理认为：原告陈锦绍在为被告张良尾家施工期间，因帮被告张良尾抬罗马窗从二楼摔倒致伤，被告张良尾与原告之间构成义务帮工法律关系。被告陈清容因被告张良尾安装罗马窗需要帮助被告张良尾搭盖脚手架，被告张良尾与被告陈清容搭盖脚手架的行为构成义务帮工法律关系，由于被告陈清容系脚手架的材料所有者，且在帮助搭盖脚手架的过程中，没有做到风险提示义务，造成原告因为脚手架中一根杉木断掉摔下而受伤，其行为构成重大过失，应承担原告受伤损失的赔偿责任，但由于被告陈清容系帮工行为，其行为是使被告张良尾获益，故被告陈清容承担10%的赔偿责任，被告张良尾承担90%的赔偿责任，被告张良尾和被告陈清容对原告致伤造成的经济损失承担连带责任。

仙游县人民法院依照《中华人民共和国民法通则》第一百一十九条，《中华人民共和国侵权责任法》第三十五条，《最高人民法院关于审理人身损害赔偿案件适用法律若干问题的解释》第十三条、第十四条、第十七条、第十八条、第十九条、第二十条、第二十一条、第二十三条、第二十四条、第二十五条之规定，作出如下判决：

一、被告陈清容应在本判决生效之日起十日内赔偿给原告陈锦绍因帮工行为致伤造成的经济损失人民币11957.5元；

二、被告张良尾应在本判决生效之日起十日内再赔偿给原告陈锦绍因帮工行为致伤造成的经济损失人民币59417.5元；

三、被告陈清容、张良尾对上述赔偿承担连带赔偿责任；

四、驳回原告陈锦绍的其他诉讼请求。

如果被告张良尾、陈清容未按本判决指定的期间履行给付金钱义务，应当依照《中华人民共和国民事诉讼法》第二百五十三条之规定，加倍支付迟延履行期间的债务利息。

案件受理费人民币1923元，减半收取人民币962元，被告张良尾负担人民币866元，被告陈清容负担人民币96元。

被告张良尾提出一审法院认定事实不清作出判决有误提出上诉，尔后在二审规定缴费期间没有缴纳诉讼费，该案在中院按撤诉处理。

【法官后语】

本案处理的重点是在于对于案件的定性问题上。目前农村地区建房的势头很热，很多没有施工资质的包工头往往和房主口头约定承包项目和报酬问题，没有形成书面文件，造成很多时候对于案件的定性上产生分歧，比如是承揽问题还是雇佣问题。还有就是对于承包项目产生分歧，这些都涉及当事人过错比例的分担问题。本案中，被告陈清荣和原告陈锦绍是雇佣关系，被告张良尾提出原告陈锦绍受伤是在履行工作中造成损害，故本案应适用提供劳务者受害责任纠纷。被告陈清容提出的安装罗马窗的项目非承包项目，原告陈锦绍的行为应该是属于义务帮工人受害责任纠纷。由于当时双方没有签订书面承包合同，法院从以下几个事实作为定性的依据：第一，被告陈清容已经把墙砌好，被告张良尾动手把砌好的砖拆掉；第二，被告张良尾在庭审中表示在第一天安装罗马窗的时候，叫砌砖的人安装罗马窗，砌砖的人说他们不会安装，叫被告张良尾自己找卖罗马窗的人安装，并且第一次安装的时候也安装不成功。在平常审理此类案件中，作为法官要从合乎常理的角度去筛选符合客观事实的叙述，从而为解决此类案件提供突破口。

编写人：福建省莆田市仙游县人民法院　陈伟

47

租用挖掘机构成租赁关系还是承揽关系问题探讨

——邓玉平、邹小玲等诉高存等提供劳务者受害责任案

【案件基本信息】

1. 裁判书字号

广西壮族自治区贺州市中级人民法院（2014）昭民一终字第 198 号民事判决书

2. 案由：义务帮工人受害责任纠纷

3. 当事人

原告：邓玉平、邹小玲

被告：满运相、高存

【基本案情】

2012 年 11 月 28 日，被告满运相租用被告高存挖掘机挖铁矿石。当天，被告满运相支付了挖掘机的拖运费 2000 元以及 8000 元的进场费。2012 年 11 月 29 日，被告满运相在未取得采矿经营许可证、安全许可证、工商营业执照，亦未建立管理规章制度的情况下，租用被告高存所有的且由陆某操作，高某作为学徒的挖掘机，在大雁山（地名）挖铁矿石。被告满运相与被告高存商定每天工作 8 小时、每月租金 25000 元、被告满运相负责施工用油；每天的工作都由被告满运相进行安排且包吃包住；被告高存负责操作挖掘机工人的工资以及挖掘机的机械维修。被告高存与陆某、高某商妥挖掘机平时由陆某操作和管理，高某作为随机学徒；高存每月支付陆某工资 2500 元，高某的生活费 500 元。2012 年 12 月 11 日 14 时许，陆某请假回家，被告满运相与陆某的学徒高某以及另一矿点的学徒邓文启（原告邓玉平之子，邹小玲之夫）、炊事员刘某吉四人像往常一样从工棚前往挖掘机工地准备开工的路上，陆某的学徒高某提出被告高存的挖掘机没有燃油了，问另一矿点的学徒邓文启能否帮忙开挖掘机到下面的加油点加油。在确认高某不敢开挖掘机到下面的加油点加油

的情况下，邓文启坐在发动机正在转动的挖掘机驾驶室座位，高某站在驾驶室旁。当邓文启操作挖掘机倒车的时候，由于挖掘机所处的位置一侧是硬土，另一侧是松土，挖掘机向松土的一侧侧翻，致使邓文启和高某被困在驾驶室里。事发后闻讯赶来的陆某把侧翻的挖掘机扶正，最后确认邓文启死在驾驶室里，高某也在驾驶室旁外面死亡的重大事故。本案由于涉及刑事责任，昭平县人民法院裁定中止审理。之后，被告满运相支付了赔偿款130000元，并取得原告的谅解。2013年10月25日，昭平县人民法院以被告满运相犯重大责任事故罪，判处其有期徒刑一年六个月，缓刑两年，刑事诉讼终结。由于诉讼中被告满运相已对原告进行了赔偿，2013年12月12日，原告变更诉讼请求，请求法院判决被告高存赔偿原告之子邓文启的丧葬费18810元（3135元×6个月）、死亡赔偿金424860元（21243元×20年）、办理丧葬事宜支出的误工费684元（76元×3人×3天）、交通费500元、被抚养人生活费65053元（4878元×20年×2人÷3人）、精神损害抚慰金30000元，合计人民币539907元。

【案件焦点】

1. 被告满运相、被告高存与陆某、高某、邓文启是何种法律关系；2. 本案民事责任该如何分担。

【法院裁判要旨】

广西壮族自治区昭平县人民法院经审理认为：一、关于法律关系问题。陆迅、高某的工资是由高存支付，高存的挖掘机由高存聘请的陆迅、高某操作，高存并没有把挖掘机交给被告满运相占有、使用、控制。挖掘机每天的工作安排则按照被告满运相的指示和要求进行。因此，被告满运相与被告高存的挖掘机使用构成承揽关系；被告高存与陆迅、高某构成雇佣关系，被告高存是雇主，陆迅、高某是雇员。由于挖掘机需要加油，在高某不敢开挖掘机下山加燃油的情况下，高某请求邓文启能否帮开挖掘机下山加燃油，邓文启在确认高某不敢开挖掘机下山加燃油的情况下，帮助高某开挖掘机下山加燃油，因此邓文启是没有任何报酬的义务帮工人，高某是履行职务，雇主高存是直接的被帮工人。二、关于民事责任负担问题。被告高存是本案的直接的被帮工人。被告高存明知高某是学徒工，在陆迅请假回家的时候，高存不在现场疏忽对挖掘机的管理，在高某履行职务中请求同为学徒的邓文启帮工操作挖掘机下山加燃油，造成事故的发生有管理上的过失；同时根据《最高人民法院关于审理人身损害赔偿适用法律若干问题的解释》第十四条第一款“帮工人因帮工活动遭受人身损害的，被帮工人应当承担赔偿责任。被帮工人明确拒绝帮工的，不承担赔偿责任；但可以在受益范围内予以适当补偿”的规定，被帮工人高存应对邓文启的死亡承担相应的赔偿责任。被告满运相作为定作人在未取得采矿经营许可证、安全许可证、工商营业执照、亦未建立规章制度的情况下在大雁山采挖铁矿石属违法违章行为，其定作的工作任务因属违法行为是其过错之一；被告满运相是间接地被帮工人，明知高某是学徒工，本人亦在现场，在高某请求学徒邓文启操作挖掘机下山加燃油的情况下，没有给予制止造成事故发生是其过错之二，因此，其应当负相应的赔偿责任。邓文启是挖掘机的学徒工，明知自己没有熟练的操作技术和实践经验，过于自信，在没有师傅在场、学徒高某都不敢开挖掘机的情况下，帮助高某开挖掘机下山加油；在操作过程中也没有尽较大的注意义务，造成挖掘机向松土一侧侧翻，致使事故发生，其存在主观上和客观行为上的过失，应当负相应的责任。根据以上分析三方的过错程度，昭平县人民法院确定被告高存承担45%的赔偿责任，满运相承担35%的赔偿责任，邓文启自行承担20%的责任。

昭平县人民法院依照《中华人民共和国侵权责任法》第六条、第三十五条，《最高人民法院关于审理人身损害赔偿案件适用法律若干问题的解释》第十条、第十四条、第十七条第三款、第二十七条、第二十九条规定，并经本院审判委员会讨论决定，判决被告高存赔偿原告邓玉平、邹小玲因其儿子邓文启死亡的丧葬费、死亡赔偿金、办理丧葬事宜支出的误工费、交通费合计139536.34元的45%即62791.35元及精神抚慰金20000元，共计82791.35元；案件受理费9299元，由原告邓玉平、邹小玲负担7179元，被告高存2120元。

判决后，被告高存不服，向贺州市中级人民法院提起上诉。其上诉称一审判决认定事实不清，受害人高某为挖掘机加油的行为不属于履行职务的行为。关于责任赔偿比例划分，应由被上诉人满运相承担70%的赔偿责任，两受害人各承担15%的责任。上诉人无过错不应承担赔偿责任，请求二审法院依法将本案发回重审或改判。贺州市中级人民法院经审理认为：关于是否是高某叫邓文启驾驶挖掘机加油的问题。因挖掘机无油，挖掘机师傅陆某请假回家。受害人高某不敢开而请求受害人邓文启开下去加油。邓文启答应并实际操作，期间发生事故造成两受害人死亡，有在场人满运相、刘某吉在派出所作的笔录证实，而非是满运相一人陈述。因此，事发前是四人在场，而不是三人在场。贺州市中级人民法院认为，因挖掘机无油，受害人高某叫邓文启帮开到山下加油。邓文启同意并操作，其行为属于义务帮工。邓文启帮工的对象是挖掘机一方。而挖掘机的所有人是上诉人，加油实际上是为上诉人工作。邓文启与上诉人未形成劳务关系。邓文启的行为属于帮工。《最高人民法院关于审理人身损害赔偿适用法律若干问题的解释》第十四条第一款"帮工人因帮工活动遭受人身损害的，被帮工人应当承担赔偿责任。……"。帮工人邓文启在帮工过程中死亡。上诉人作为被帮工人应承担赔偿责任。本案中，欲将挖掘机从山上开到山下加油，机手应具有相当娴熟的驾驶技术才能完成。受害人邓文启为学徒工，驾驶技术不熟练，其同意高某的请求驾驶挖掘机下山加油，存在过于自信的过失。其驾驶前不叫高某离开驾驶室到地面指引驾驶，导致操作失误，发生重大事故。根据《中华人民共和国侵权责任法》第二十六条"被侵权人对损害的发生也有过错的，可以减轻侵权人的责任"的规定，应减轻被帮工人高存的责任。被上诉人满运相是矿点采矿人，其无证开采，漠视生产管理，对本事故的发生有一定过错。《中华人民共和国侵权责任法》第六条规定："行为人因过错侵害他人民事权益，应当承担侵权责任。"被上诉人满运相应承当相应责任。本事故因义务帮工引起。一审将责任划分为义务帮工部分占主要责任，由被帮工人承担65%的责任；帮工人邓文启存在重大过失，减轻被帮工人即上诉人20%的责任；被上诉人满运相承担35%的责任均符合法律规定。综上，上诉人请求无理，贺州市中级人民法院不予支持。依据《中华人民共和国民事诉讼法》第一百七十条第一款、第一百七十五条之规定判决：

驳回上诉，维持原判。

二审案件受理费2120元，由上诉人高存负担。

【法官后语】

本案涉及四个法律关系即承揽合同关系、租赁合同关系、雇佣关系、义务帮工关系。根据《合同法》的相关规定，租赁合同是出租人将租赁物交付承租人使用、收益，承租人支付租金的合同；承揽合同是承揽人按照定作人的要求完成工作，交付工作成果，定作人给付报酬的合同。雇佣关系是指受雇人利用雇佣人提供的条件，在雇佣人的指导、监督下，以自身的技能为雇佣人提供劳务，并由雇佣人支付劳动报酬的关系。《最高人民法院关于审理人身损害赔偿案件适用法律若干问题的解释》第十条规定："承揽人在完成工作过程中对第三人造成损害或者造成自身损害的，定作人不承担赔偿责任。但定作人对定作、指示或者选任有过失的，应当承担相应的赔偿责任。"第十一条规定："雇员在从事雇佣活动中遭受人身损害，雇主应当承担赔偿责任……"第十四条规定："帮工人因帮工活动遭受人身损害的，被帮工人应当承担赔偿责任。"《侵权责任法》第六条规定："行为人因过错侵害他人民事权益，应当承担侵权责任。"第三十五条规定："个人之间形成劳务关系，提供劳务一方因劳务造成他人损害的，由接受劳务一方承担侵权责任。提供劳务一方因劳务自己受到损害的，根据双方各自的过错承担相应的责任。"

具体到本案，被告满运相与被告高存商定挖掘机每月租金25000元。被告满运相写的现金"收据"也注明是租金。表面上，被告高存主张挖掘机以及挖掘机操作人员陆迅、高某都"租"给被告满运相。按照《合同法》规定，出租人即被告高存不应承担赔偿责任。在实际生活中，很多人都认为租挖掘机属于租赁合同关系。实际上，挖掘机的使用至少有三种形式：按月计算、按工程量计算、按小时计算。本案中，被告满运相租被告高存的挖掘机是按月计算工作量的。每月报酬（"租金"）25000元，但操作工人陆迅、学徒高某的工资是被告高存支付，高存并没有把挖掘机交给被告满运相占有、使用、控制。由于挖掘机每天的工作安排是按照被告满运相的指示和要求进行，因此，被告高存与被告满运相形成承揽关系；高存与陆迅、高某形成雇佣关系，高存是雇主，陆迅、高某是雇员。由于挖掘机需要加油，在高某不敢开挖掘机下山加燃油的情况下，高某请求邓文启能否帮开挖掘机下山加燃油，邓文启在确认高某不敢开挖掘机下山加燃油的情况下，帮助高某开挖掘机下山加燃油，因此邓文启是没有任何报酬的义务帮工人，高某是履行职务，雇主高存是被帮工人。邓文启同意并操作，其行为属于义务帮工。邓文启帮工的对象是挖掘机一方。而挖掘机的所有人是上诉人，加油实际上是为上诉人工作。邓文启与上诉人未形成劳务关系。邓文启的行为属于帮工。《最高人民法院关于审理人身损害赔偿适用法律若干问题的解释》第十四条第一款"帮工人因帮工活动遭受人身损害的，被帮工人应当承担赔偿责任……"。帮工人邓文启在帮工过程中死亡，上诉人作为被帮工人应承担赔偿责任。

本案中，邓文启欲将挖掘机从山上开到山下加油，机手应具有相当娴熟的驾驶技术才能完成。受害人邓文启为学徒工，驾驶技术不熟练，其同意高某的请求驾驶挖掘机下山加油，存在过于自信的过失。其驾驶前不叫高某离开驾驶室到地面指引驾驶，导致操作失误，发生重大事故。根据《侵权责任法》第二十六条“被侵权人对损害的发生也有过错的，可以减轻侵权人的责任”的规定，应减轻被帮工人高存的责任。被上诉人满运相是矿点采矿人，其无证开采，漠视生产管理，因此，被告满运相在选任、定作过程中有一定过错。《侵权责任法》第六条规定：“行为人因过错侵害他人民事权益，应当承担侵权责任。”被上诉人满运相应承当相应责任。一审将责任划分为义务帮工部分占主要责任，由被帮工人承担65%的责任；帮工人邓文启存在重大过失，减轻被帮工人即上诉人20%的责任；被上诉人满运相承担35%的责任符合法律规定。

编写人：广西壮族自治区贺州市昭平县人民法院　雷裕锋

48

按农村习俗为亲友送葬发生事故应认定为义务帮工

——吕晓男诉徐义元义务帮工人受害责任案

【案件基本信息】

1. 裁判书字号

江苏省盐城市响水县人民法院（2014）响民初字第0696号民事判决书

2. 案由：义务帮工人受害责任纠纷

3. 当事人

原告：吕晓男

被告：徐义元

【基本案情】

原告吕晓男与被告徐义元系亲戚关系。因被告徐义元父亲去世，定于2013年2月23日火化。2013年2月22日晚上，被告徐义元打电话给原告，请原告吕晓男次日驾车参与送葬。2013年2月23日早晨6时左右，原告吕晓男驾驶苏E××××号中型客车，从原告徐义元位于响水县六套中心社区同心村的老家出发参与送葬，车上乘坐人王某翠、陈某美等人均为原告吕晓男的亲戚，同时该批人员也均系参加徐义元父亲葬礼的人员。在送葬出发前，由操办丧事事宜的管事徐某分别给所有参与送葬的车辆发放了孝帽、红南京香烟以及10元钱。后因原告吕晓男驾驶的车辆需要加油，故未能紧随送葬车队。当日7时40分左右，原告吕晓男驾车赶往响水县殡仪馆的途中，沿204国道由南向北行驶至19KM+250M处时与戈某连驾驶的由北向南行驶的鲁HSF×××号三轮汽车相撞，致戈某连、吕晓男、王某翠受伤，双方车辆受损。2013年4月27日，响水县公安局交巡警大队作出响公交认字［2013］第3005号《道路交通事故认定书》，认定：吕晓男负本起事故的主要责任；戈某连负本起事故的次要责任；王某翠无责任。原告要求判令被告赔偿原告因义务帮工而产生的损失共计127781.40元。

【案件焦点】

吕晓南、徐义元之间是义务帮工关系还是运输合同关系。

【法院裁判要旨】

江苏省盐城市响水县人民法院经审理认为：本案中，原告吕晓男驾车参加被告徐义元父亲的出殡活动，虽然车上乘坐人均为原告的亲属，但同时原告以及乘坐人与被告徐义元均系亲戚关系，原告等人均是基于与被告徐义元之间的亲戚关系而参与徐义元父亲的出殡活动。虽然在送葬出发前由操办丧事事宜的管事徐某向原告发放了10元钱、香烟、孝帽，但上述钱物并不是特定向原告一人发放，而是依据当地的风俗习惯所有参与送葬的车辆均统一发放，上述钱物也不符合给付运费的交易习惯，应认定原、被告之间系义务帮工关系，对被告辩称其与原告吕晓男之间是运输合同关系的辩解，不予采纳。根据《最高人民法院关于审理人身损害赔偿案件适用法律若干问题的解释》第十四条第一款的规定“帮工人因帮工活动遭受人身损害的，被帮工人应当承担赔偿责任”，原告吕晓男在驾车为被告徐义元父亲送葬的途中发生交通事故，故被告应承担相应的赔偿责任。本院生效判决确认原告吕晓男因该起交通事故造成的各项损失合计215044.85元，由长安责任保险有限公司淮安市中心支公司赔偿32500元，由戈某连赔偿54763.45元。因原告吕晓男对本起事故的发生存在重大过错，可减轻被告徐义元的赔偿责任。原告上述损失127781.4元，由被告徐义元承担20%的赔偿责任，为25556.28元（127781.4元×20%）。

响水县人民法院依照《中华人民共和国民法通则》第一百零六条第三款、《最高人民法院关于审理人身损害赔偿案件适用法律若干问题的解释》第十四条之规定判决：

被告徐义元在本判决生效后15日内赔偿原告吕晓男25556.28元。

一审判决后，双方均未提出上诉。

【法官后语】

我国农村地区，在操办婚丧嫁娶等红白喜事、自建房屋、抢收抢种等急需人手之时，街坊邻居、远亲等前来帮忙而不收取报酬，是十分常见的。

本案中被告以给付了一定数额的金钱为由，主张双方为运输合同关系，不应承担民事赔偿责任。运输合同是承运人按照托运人的要求提供将物或人运输到约定的地点，托运人支付运输费用的合同，运输合同为双务合同，同时具有有偿服务的特点。而义务帮工是义务帮工人在主观上为了被帮工人的需要，无偿为被帮工人提供劳务。在原被告生活的当地，按照丧事风俗习惯，办丧事的主家一般会邀请亲友在出殡时自带车辆用于送葬，对于参与送葬活动的车辆，在出殡前均由主家统一给付象征意义的一定数额的钱、礼品，简称“去晦气”。该笔费用与实际运输费用相比，往往相差甚远。虽被告的亲友向原告发放了10元钱、香烟、孝帽等物，但结合双方当事人的意思表示和义务帮工活动的外观特征等认定原被告间为义务帮工，符合当地农村的善良风俗。同时根据公安机关的事故责任认定书认定，原告对本起交通事故的发生负主要责任，原告本身对本起事故的发生具有重大过失，故根据情形减轻了被告的赔偿责任。

编写人：江苏省盐城市响水县人民法院　王浩　沈利

49

义务帮工后答谢吃饭中的自愿端菜行为是否属于帮工行为的延续

——姚明芳诉杨明杰义务帮工人受害责任案

【案件基本信息】

1. 裁判书字号

河南省舞钢市人民法院（2014）舞民初字第295号民事判决书

2. 案由：义务帮工人受害责任纠纷

3. 当事人

原告：姚明芳

被告：杨明杰

【基本案情】

2014年1月8日，被告杨明杰的女儿出嫁，根据农村风俗习惯，于第二天即2014年1月9日待客，待客时聘请村民左某富为“执客”（即待客当天所有待客事务的总负责人），原告被“执客”安排在待客时端盘上菜。下午3点多钟待客结束，原告姚明芳和被告杨明杰饭后送还所借的桌椅后，原告姚明芳4点多开车回家。在当天晚上，因为帮忙人都是无偿劳务帮忙，被告按照农村风俗习惯，在自己家摆了两桌酒席，请执客及男、女帮忙人吃饭表示酬谢。晚上吃饭时，原告与执客左某富及其他帮忙人杨某东、宋某发、姚某庆、陈某娃六人坐一桌，庭审中原告就摔倒的事实方面未提供证据，原告陈述称在过通关喝完酒后，执客左某富喊让原告姚明芳端饭，原告因此出门时摔倒；被告对原告上述摔倒过程不予认可，被告方证人杨某东及宋长发均出庭作证称原告姚某芳在晚上吃饭时未端菜，左某富也没有喊原告端饭，不知道原告为什么出门，原告在出门时，门口有台阶，导致原告姚明芳摔倒。

原告摔倒后，于当日晚上送至职工医院治疗，经诊断为：一、重型开放性颅脑损伤：1. 左额叶脑挫伤，2. 左额颞枕部急性硬膜下血肿，3. 外伤性蛛网膜下腔出血，4. 左中颅底骨折并脑脊液耳漏、颅内积气，5. 左颞枕骨骨折；二、酒精中毒。原告经治疗于2014年1月18日转至南阳市中心医院继续治疗，于2014年2月20日出院，出院诊断为：1. 左枕骨骨折，2. 颅内多发脑挫裂伤，3. 脑脊液漏；出院医嘱：1. 院外治疗，2、加强营养、合理饮食，3. 不适随诊。原告在舞钢职工医院发生挂号、检查费用593.5元，住院医疗费7807.79元，在南阳市中心医院发生住院医疗费用26288.94元，从职工医院转到南阳市中心医院病号车费1500元（无正式票据）、并出示佰信医药有限公司连锁店内部传递凭证7份证明原告发生院外购药费用288.5元。上述凭证发生时间为2014年1月5日—2014年2月18日，系手写，无患者名字及医嘱。原告主张误工费按照每天100元标准计算至定残之前，原告系农业户口，原告称其为钢筋工，但无证据证明；原告主张的护理费按照农村纯收入主张1人护理计算至定残之日，原告并主张住宿费1260元（无提供票据）及交通费348元（仅提供原告女儿姚丹丹于2014年2月23日从南阳到方城的汽车票20元），原告另提供一张100元的发票，开票时间为2014年2月19日，但该发票未加盖公章。另查明：事故发生后，被告为原告支付4000元，原告起诉时未将该费用扣除。

以上事实有当事人庭审陈述、诊断证明、出院证、医疗费票据、收条等证据予以支持。

【案件焦点】

义务帮工后，被告杨明杰为答谢而在家中请客吃饭时原告姚明芳的端菜行为是否属于义务帮工行为的延续。

【法院裁判要旨】

河南省舞钢市人民法院经审理认为：在当天晚上，按照农村风俗习惯，被告杨明杰在自己家摆了两桌酒席，请执客及男、女帮忙人吃饭表示酬谢的行为不属于帮工行为的延续，原告亦无证据证明在晚上吃饭时，因履行原告方的指令时导致其出门时摔倒受伤，综上，原告请求因义务帮工受伤要求被告赔偿的诉讼请求缺乏相应证据，但根据公平原则以及原、被告邻里关系的考虑，本院酌定被告杨明杰就此事一次性补偿原告姚明芳14000元，扣除被告已向原告支付的4000元后，被告还应支付原告10000元。经本院审判委员会研究，根据《中华人民共和国民法通则》第四条、《中华人民共和国民事诉讼法》第六十四条之规定，判决如下：

一、限被告杨明杰于本判决生效后十五日内一次性补偿原告姚明芳10000元（已扣除被告已向原告支付的4000元）。

二、驳回原告姚明芳的其他诉讼请求。

案件受理费1350元，由原告姚明芳负担1132元，被告杨明杰负担218元。

【法官后语】

针对本案，在审理中双方当事人的争议焦点在于义务帮工后，被告杨明杰为答谢而在家中请客吃饭时原告姚明芳的端菜行为是否属于义务帮工行为的延续，即原告姚明芳是否是在履行对被告杨明杰的义务帮工职责过程中摔倒受伤。在合议案件时，合议庭意见分歧较大。一种意见认为，白天义务帮工后，晚上被告杨明杰为答谢而在家中请客吃饭时原告姚明芳的端菜行为属于白天义务帮工行为的延续，即原告姚明芳是在履行对被告杨明杰的义务帮工职责过程中摔倒受伤的，被告杨明杰作为被帮工者应承担原告姚明芳因受伤治疗所支出的医疗费用及误工费等。另一种意见则相反，同时考虑到公平原则以及促进乡邻友好和睦相处等因素，且原告姚明芳毕竟是在被告杨明杰家中摔倒受伤的，认为被告杨明杰应对原告姚明芳因受伤治疗所支出的医疗费用给予适当经济补偿。笔者赞同合议庭第二种意见。

帮工关系作为一个独立案由出现在司法实践中已有多年，然而司法实践以及法学理论中对其认定仍然不一而足，根据《最高人民法院关于审理人身损害赔偿案件适用法律若干问题的解释》的规定，从立法者规定帮工关系的用意入手反推帮工关系的认定标准可知，民法中的义务帮工是指帮工人自愿、短期、无偿为被帮工人提供劳务，且被帮工人没有明确拒绝而发生的一种社会关系，具有自愿性、自主性、临时性、无偿性和劳务性等法律特点。本案中，当天晚上，被告杨明杰按照农村风俗习惯，在自己家摆了两桌酒席，请执客及男、女帮忙人吃饭表示酬谢，因原告姚明芳端菜时由于喝多酒导致其摔倒受伤。从表面来看原告姚明芳是自愿、临时、无偿为被告杨明杰提供帮助，被告杨明杰也因此而直接受益，似乎符合帮工关系的某些法律特征，实质上这并不是一种帮工行为，更不是白天义务帮工行为的延续。

首先，帮工关系以被帮工人对帮工人的指挥控制为根本判断标准。根据被帮工方的指示从事帮工行为，是帮工关系的一个重要特点。如果某种行为形式上是无偿帮助关系，但具体帮助行为不受被帮工人的指挥，则不能认定为帮工关系。本案中，被告杨明杰在当天晚上，按照农村风俗习惯，在自己家摆酒席，请执客及男、女帮忙人吃饭表示酬谢，原告姚明芳与执客左显富及其他帮忙人杨某东、宋某发、姚某庆、陈某娃六人坐一桌。庭审中，原告姚明芳就摔倒的事实方面未提供证据；原告姚明芳陈述称在过通关喝完酒后，执客左某富喊让原告姚明芳端饭，原告姚明芳因此出门时摔倒，被告杨明杰对原告姚明芳上述摔倒过程不予认可；被告方证人杨某东及宋某发均出庭作证称原告姚明芳在晚上吃饭时未端菜，左某富也没有喊原告端饭，不知道原告姚明芳为什么出门，原告在出门时，门口有台阶，导致原告姚明芳摔倒，且原告亦无证据证明在晚上吃饭时，因履行原告方的指令去端菜而导致其出门时摔倒受伤，可见原告姚明芳主张酬谢吃请中端菜行为并未受被告杨明杰或执客左某富指令，故其行为并不是一种帮工行为，我们在认定帮工关系时不能随意扩大帮工的范围。但从公平原则及乡邻感情等方面考虑，被帮工人应当承担适当的补偿责任。

其次，帮工人提供的帮助活动应当具有明显的劳务性。帮工关系要求帮工人为被帮工人提供劳务并完成一定的工作任务或提供一定的劳动成果。所谓劳务，指以活劳动形式为他人提供某种特殊使用价值的劳动，而由用工方提供工作环境和工作条件是其重要特征。在本案中，原告姚明芳主动端菜行为不符合劳务关系的法律特征，原告也是出于乡邻之间的感情情分考虑而为被告杨明杰帮忙，并没有为此付出太多劳动，其端菜劳务性并不明显，依照法律性质，其应当是一种事实行为，不是民法意义上的提供劳务的法律行为，并不能认定为帮工关系，不产生义务帮工的法律后果。

第三，劳务性不明显的帮忙行为认定为义务帮工有可能导致显失公平。义务帮工的人身损害赔偿责任是一种特殊的人身损害赔偿责任，根据《最高人民法院关于审理人身损害赔偿案件适用法律若干问题的解释》第十四条之规定，帮工人在帮工活动中遭受人身损害时，被帮工人承担无过错责任，即在义务帮工人身损害赔偿法律关系中，不考虑承担责任的被帮工人有无过错，只要义务帮工人从事帮工活动受到损害，被帮工人就应当承担赔偿责任。本案中，端菜行为劳务性并不明显，且原告姚明芳作为成年人，明知喝多酒去端菜可能会造成摔倒受伤等后果，对于造成自身损害明显存在一定过失。如果认定双方为帮工关系，责任则完全由被告承担，是不公平的。

互帮互助是中华民族的传统美德。本案案情就体现了当代中国农村老百姓的善良本性、互帮互助及和睦相处等优良传统。因此，法官在处理此类案件时，不仅要依法办案，也要充分考虑有利于农村和谐、乡邻和睦相处等因素，既要实现司法办案的法律效果，也要赢得良好的社会效果，努力实现双赢甚至多赢。

编写人：河南省舞钢市人民法院　韩飞

八、义务帮工致害赔偿

50

义务帮工人造成的损害，被帮工人是否应当承担责任

——丁禹明诉周胜刚等机动车交通事故责任案

【案件基本信息】

1. 裁判书字号

四川省广安市中级人民法院（2014）广法民终字第423号民事判决书

2. 案由：机动车交通事故责任纠纷

3. 当事人

原告（被上诉人）：丁禹明

被告（被上诉人）：周胜刚、中国平安财产保险股份有限公司重庆分公司（以下简称平安财保重庆分公司）

被告（上诉人）：李榜乐

【基本案情】

2013年2月17日，李榜乐因筹办儿子婚礼之需，特从富源矿业公司借出川X×××××号轿车，并雇请其外甥陈某星（持B2证）驾驶。周胜刚系李榜乐儿子的同学，前来李榜乐家中参加其子婚礼。当天午后，周胜刚因需到川X×××××号车上找寻自己遗失的物品而从陈某星处借得车钥匙，恰闻李榜乐家一个亲戚正在赶来参加婚礼途中，要求李榜乐家派人去接。周胜刚见李榜乐一家都忙于婚礼事宜，便主动提出帮忙去接人，李榜乐亦表示同意，后周胜刚驾驶该车与丁禹明驾驶的二轮

摩托车相撞，造成丁禹明受伤。此事故经交警大队认定周胜刚承担事故主要责任；丁禹明未取得机动车驾驶证驾车且未戴安全头盔是造成本次事故的次要原因，承担事故次要责任。

丁禹明因事故受伤住院治疗48天，被诊断为失血性休克、左股骨粗隆间粉碎性骨折、左髋关节损伤，产生医疗费39996元。广安世纪司法鉴定中心评定丁禹明左下肢损伤为10级伤残，续医费10000元，误工损失日240天，护理期限120天，其中住院期间两人护理，其余时间1人护理，为此产生鉴定费2550元。

【案件焦点】

义务帮工人造成的损害，被帮工人是否应当承担责任。

【法院裁判要旨】

四川省广安市邻水县人民法院经审理认为：因租赁、借用等情形机动车所有人与使用人不是同一人时，发生交通事故后属于该机动车一方责任的，由保险公司在机动车强制保险责任限额范围内予以赔偿，不足部分由机动车使用人承担赔偿责任；机动车所有人对损害的发生有过错的，承担相应的赔偿责任。周胜刚驾驶川X×××××号车与丁禹明驾驶的二轮摩托车相撞，造成丁禹明等人身体受伤，公安交通管理部门根据事故当事人的过错认定周胜刚承担主要责任、丁禹明承担次要责任，对此予以确认。富源矿业公司将车出借给李榜乐使用，虽然李榜乐无驾驶资格，但是该车的实际驾驶人是持B2驾驶证的陈某星，富源矿业公司在出借车辆过程中并无过错，同时肇事车辆经鉴定并无安全隐患，因此富源矿业公司在本案中不承担责任。李榜乐作为车辆实际使用人，应当对车辆尽到审慎管理义务，而借用期间周胜刚擅自将该车开走，李榜乐并不知情，其并没有对车辆尽到妥善管理的义务，具有一定过错，应当承担与其过错相适应的责任。川X×××××车在平安财保重庆分公司投保了机动车交通事故责任强制保险，丁禹明在本次事故中所造成的损失，平安财保重庆分公司依法应当在交通事故责任强制保险赔偿限额内予以赔偿，不足部分应当由事故各方当事人按照责任比例承担。对此，根据本次事故的客观情况，酌定由周胜刚承担35%的责任、李榜乐承担35%的责任、丁禹明承担30%的责任。

李榜乐以自己不应当承担责任为由提起上诉。广安市中级人民法院经审理认为，本案中周胜刚系受李榜乐委托义务帮忙，前去替李榜乐接亲戚途中发生交通事故而致使丁禹明等人损伤。李榜乐系被帮工人，当周胜刚提出帮工，李榜乐未明确拒绝，且同意周胜刚帮忙开车去接其亲戚回来，所以李榜乐作为委托人、被帮工人，对第三人丁禹明的损伤依法应当承担赔偿责任。周胜刚系帮工人、受托人，他在驾车接人途中行经弯道未减速靠右行驶引发本次交通事故，承担事故主要责任，即周胜刚在帮工过程中存在重大过失，给第三人丁禹明造成损伤，亦即对委托人李榜乐造成损失，帮工人周胜刚亦应承担相应的赔偿责任。一审法院根据本次事故的客观情况，酌定丁禹明的损失超过交通事故责任强制保险赔偿限额的部分，由李榜乐承担35%的责任、周胜刚承担35%的责任，丁禹明因承担本次交通事故次要责任而自担30%的责任并无不当。李榜乐上诉辩称周胜刚系擅自驾车肇事，系以取物之机获得钥匙而私自驾车出去，其对此并不知情的主张与其首次庭审陈述事实不符，且无依据支持，本院对此不予认可。故李榜乐主张其不应承担损害赔偿责任的上诉请求不成立，其该主张本院不予支持。据此，依照《中华人民共和国民事诉讼法》第一百七十条第一款第一项之规定，判决如下：

驳回上诉，维持原判。

【法官后语】

本案的重点在于对李榜乐作为被帮工人，是否应当对义务帮工人造成的损害承担责任。根据《最高人民法院关于审理人身损害赔偿案件适用法律若干问题的解释》第十三条："为他人无偿提供劳务的帮工人，在从事帮工活动中致人损害的，被帮工人应当承担赔偿责任。被帮工人明确拒绝帮工的，不承担赔偿责任。帮工人存在故意或者重大过失，赔偿权利人请求帮工人和被帮工人承担连带责任的，人民法院应予支持。"再有《合同法》第四百零六条："……无偿的委托合同，因受托人的故意或者重大过失给委托人造成损失的，委托人可以要求赔偿损失。"

具体到本案中，在周胜刚提出帮忙时，李榜乐并未明确拒绝，且同意周胜刚帮忙开车去接其亲戚，所以李榜乐作为被帮工人应当与帮工人承担连带责任。此外，帮工人与被帮工人形成无偿的委托关系，由于本次事故的发生系帮工人、受托人周胜刚的操作不当，属重大过失，故委托人李榜乐也可以向受托人周胜刚追偿。结合本案的实际情况，除却受害人丁禹明自担的30%的责任之后，酌定将剩下的70%

由双方平分应当是合情合理合法的。

编写人：四川省广安市中级人民法院　朱军　戴建军

51

帮工致损的赔偿责任应如何认定

——杨松等诉龙明林提供劳务者受害责任案

【案件基本信息】

1. 裁判书字号

广东省信宜市人民法院（2014）茂信法合民初字第29号民事判决书

2. 案由：提供劳务者受害责任纠纷

3. 当事人

原告：杨松、杨玉琼、杨华林、杨小琼、杨小凤、杨金兰、杨坤

被告：龙明林

【基本案情】

原告杨松与受害人刘玉兰系夫妻关系，生育有杨玉琼、杨华林、杨小琼、杨小凤、杨金兰、杨坤六个子女。被告龙明林在信宜市新宝镇上峰村佛子坳种植柑橘，雇请刘玉兰等人为其柑橘场除草，报酬为45元/天。2013年10月8日7时40分，被告持准驾为E类机动车的驾驶证驾驶其自有的（户挂深圳某实业有限公司）已达报废标准的粤B×××××号牌厢式小货车搭乘刘玉兰等八人前往佛子坳柑橘场除草，由于搭乘人员较多，刘玉兰等三人乘坐货车车厢。被告驾驶的车辆途经新宝镇上峰石场径路段时，刘玉兰头戴的布帽被风吹掉，刘玉兰不听同乘人员杨某凤、杨某连和在公路边的杨某明劝告，在机动车行驶中自行跳车拾帽，致跌地受伤。刘玉兰受伤后，被告等人将刘玉兰送至信宜市新宝镇卫生院进行抢救治疗，用去医疗费877.02元。当日，刘玉兰被转送到罗定市人民医院进行治疗，用去救护车费用450元；住院期间用去医疗费24526.87元、购买白蛋白用去3050元。2013年10月12日，

刘玉兰经抢救无效死亡。罗定市人民医院的诊断意见为：1. 心肺复苏术后；2. 重型颅脑外伤，左侧额颞顶部硬膜下血肿，脑疝，创伤性蛛网膜下腔出血，颅底骨折。

2013年10月19日，广东省茂名市公安局司法鉴定中心作出茂公（司）鉴（法尸）字［2013］X83号法医学尸体检验鉴定书，鉴定意见为：刘玉兰系因重型颅脑损伤而死亡。原告方支付检验费等共3000元。

2013年10月28日，信宜市公安局交通警察大队作出信公交认字［2013］第69号（A）《交通事故认定书》，认定：一、乘车人刘玉兰在机动车行驶中跳车，是造成事故的主要原因和过错，其行为违反《道路交通安全法实施条例》第七十七条（四）的规定，负事故的主要责任；二、龙明林驾驶与驾驶证载明的准驾车型不符的、已达报废标准的货运机动车车厢载人，是造成事故的次要原因和过错，其行为违反《道路交通安全法》第十四条第四款、第十九条第三款、《道路交通安全法实施条例》第五十五条（二）的规定，负事故的次要责任。

事故发生后，被告已向原告支付了刘玉兰的医疗费、丧葬费等共58000元，但刘玉兰的家属认为其损失未得到合理赔偿，遂于2014年1月23日具状诉至本院，提出上述诉称中的诉讼请求。

【案件焦点】

1. 被告与刘玉兰是否劳务关系；2. 原告起诉要求被告赔偿的诉讼请求能否获得支持。

【法院裁判要旨】

广东省信宜市人民法院审理后依照《中华人民共和国民法通则》第一百零六条第二款、第一百三十一条，《中华人民共和国侵权责任法》第十五条、第十六条、第十八条、第二十二条、第二十六条、第三十五条，《中华人民共和国道路交通安全法》第十四条第三款、第十九条第一款、第四款、第五十条，《中华人民共和国民事诉讼法》第六十四条，《最高人民法院关于审理人身损害赔偿案件适用法律若干问题的解释》第十七条、第十八条、第十九条、第二十条、第二十一条、第二十三条、第二十七条、第二十九条，《最高人民法院关于确定民事侵权精神损害赔偿责任若干问题的解释》第八条、第十条及《最高人民法院关于民事诉讼证据的若干规定》第二条之规定，判决如下：

一、限被告龙明林在本判决发生法律效力之日起十日内赔偿 32500.96 元给原告杨松、杨玉琼、杨华林、杨小琼、杨小凤、杨金兰、杨坤。

二、驳回原告杨松、杨玉琼、杨华林、杨小琼、杨小凤、杨金兰、杨坤的其他诉讼请求。

【法官后语】

笔者认为，随着第三产业的飞快发展，劳务关系成为劳动市场一种重要用工形式。由于劳务关系产生的形式较为灵活，常常以口头约定、甚至用工习惯等形式建立，一般没有书面合同，用工方式灵活多样，随意性大，权利义务关系不明确，双方又多缺乏法律知识，举证能力较差。劳务关系的认定一直是司法实务疑难问题。再者，由于《侵权责任法》第三十五条确立了提供劳务者与接受劳务者之间过错归责原则，责任的分担常常成为案件的争议焦点。

1. 劳务关系的认定

劳务关系是劳动者与用工者根据口头或书面约定，由劳动者向用工者提供一次性的或者是特定的劳动服务，用工者依约向劳动者支付劳务报酬的一种有偿服务的法律关系。认定劳务关系关键有以下两方面：(1) 提供劳务一方是否为接受劳务一方所选任，并在从事劳务活动时受接受劳务一方的指挥和监督；(2) 一方提供劳务，另一方支付劳务报酬。本案中，虽然刘玉兰与被告没有签订劳务合同，但被告在庭审中确认以 45 元/天雇请刘玉兰等人为其柑橘场除草的事实，且在交警部门对其询问中也承认是雇佣关系，因此，足以认定刘玉兰与龙明林之间存在劳务关系。

2. 接受劳务方与提供劳务方的责任划分

(1) 讨论责任划分的前提，先要确定已开启提供受害者受害责任追究途径。由于劳务受害，常常与其他侵权行为竞合，而根据当事人处分原则、公平原则，法院除必要的释明，应被动、中立。因此，应由当事人自行选择救济路径，由当事人开启是否适用提供劳务者受害责任追究制度。本案中，刘玉兰家属既可以根据劳务者在提供劳务过程中受害要求雇主龙明林赔偿，也可以根据交通事故受害要求交通事故责任者龙明林赔偿，但两种索赔方式都是基于同一事实，符合多个法律构成要件，从而产生二个不同请求权，属请求权竞合，原告可以选择有利于自己的一种诉因提起诉讼，但不得就同一法律事实或法律行为，分别以不同的诉因提起两个诉讼，现原告选择劳务者受害责任纠纷进行诉讼，是在法律允许的范围内行使自己的诉讼权利。

由于提供劳务方与用工方没有固定管理和被管理关系，用工方对提供劳务者承担责任的前提为提供劳务者因劳务受害。因此，要审查提供劳务者受害的原因和时机是否与劳务有内在联系。本案中，刘玉兰在事发当天是与其他工友一起乘坐被告的车前往柑橘场除草途中受伤，其表现形式是履行职务或与履行职务有内在联系，应认定刘玉兰是因劳务受到损害。

（2）根据《侵权责任法》的规定、精神及国情，提供劳务者受害责任的划分应遵循过错归责原则和公平原则。虽然两者为平等主体，没有牢固的隶属关系，但是当下提供劳务者多为社会弱势群体，法律知识匮乏，生存技能较差，接受劳务者是风险发生的开启者，劳务关系的受益者，笔者认为对归责事由的审查，要在比对两者过错对事故影响力的同时，有所倾斜，体现公平原则。除故意或重大过错外，不应科以提供劳务者较重之责任。因此，如果认定提供劳务者承担主要责任，需要在充分事实和法律依据下，谨慎权衡，合理分责，并作足释法明理、裁判文书的论理等辅助工作，实现法律效果和社会效果的统一。本案中，刘玉兰是完全民事行为能力人，应当知道在机动车行驶中跳车是极其危险的行为，在旁人已劝告的情况下仍然跳车拾帽，才致跌地受伤死亡，刘玉兰的受伤死亡是其跳车直接造成，其对事故的发生有明显的过错；被告驾驶与驾驶证载明的准驾车型不符的、已达报废标准的货运机动车车厢载人，其行为违反了《道路交通安全法》的规定，也有一定的过错，也是造成刘玉兰受伤死亡的间接原因，也应承担与其过错相应的民事责任。综合比较刘玉兰与龙明林的过错，刘玉兰是直接过错、过错较大，应承担主要责任，由其自行承担损失的70%；龙明林是间接过错，过错较小，应承担次要责任，其应承担刘玉兰损失的30%。

编写人：广东省信宜市人民法院　陈严

九、时效与其他

52

当事人请求引起诉讼时效中断

——高代荣诉蒋松财劳务合同案

【案件基本信息】

1. 裁判书字号

四川省华蓥市人民法院（2014）华蓥民初字第800号民事判决书

2. 案由：劳务合同纠纷

3. 当事人

原告：高代荣

被告：蒋松财

【基本案情】

2011年，原告高代荣受雇于被告蒋松财帮其在哈尔滨、河北等地架线。2012年1月21日，被告蒋松财向原告高代荣出具了“今欠到高代云工资￥：3300元，大写（叁仟叁佰元整）……欠款人：蒋松财.2012年1月21日”的欠条一张，原告高代荣等人于2013年春节、2014年春节期间多次到华蓥市庆华镇人民政府上访，要求被告蒋松财支付所欠的劳务费，被告蒋松财于2012年2月外出务工下落不明，至今未予支付高代荣等人的劳务费，原告高代荣遂起诉来院。

【案件焦点】

原告高代荣对被告蒋松财享有的3300元债权是否已经过了诉讼时效。

【法院裁判要旨】

四川省华蓥市人民法院经审理认为：原告高代荣在庭审中向本院提交了华蓥市庆华镇江华社区出具的证明原件一份，证明被告蒋松财自2012年2月以后外出下落不明；华蓥市庆华镇人民政府出具的证明原件一份，证明原告高代荣及工友于2013年春节、2014年春节均到庆华镇政府上访，要求被告支付工资。被告蒋松财向原告高代荣出具的欠条显示时间是2012年1月21日。因此原告主张被告欠其劳务费没有过诉讼时效。

据此，依照《中华人民共和国民法通则》第八十四条、第一百零八条，《中华人民共和国民事诉讼法》第一百四十四条的规定，判决如下：

被告蒋松财在本判决生效后十五日内支付给原告高代荣劳务费3300元及利息（自2014年6月10日起按中国人民银行同期同类贷款利率计算至付清之日止）。

案件受理费50元，由被告蒋松财承担（已由原告高代荣垫付，被告蒋松财在履行上述义务时一并支付给原告高代荣）。

如果未按本判决指定的期间履行给付金钱义务，应当依照《中华人民共和国民事诉讼法》第二百五十三条之规定，加倍支付迟延履行期间的债务利息。

【法官后语】

本案的争议焦点是原告高代荣对被告蒋松财享有的3300元债权的诉讼时效是否中断的问题。即原告高代荣于2014年10月向法院起诉主张其对被告蒋松财的债权（该权利已于2014年1月21日过了诉讼时效），法院是否应该支持其诉讼请求。

根据《民法通则》第一百四十条的规定，中断诉讼时效的事由包括提起诉讼（起诉）、当事人一方提出要求（请求）或者同意履行义务（承诺）。华蓥市人民法院经审理查明，被告蒋松财自2012年2月外出以后一直下落不明，原告高代荣及工友分别于2013年春节、2014年春节到被告户籍所在地庆华镇政府上访，要求被告支付工资。

综上，原告高代荣主张被告蒋松财欠劳务费没有过诉讼时效。华蓥市人民法院判决被告蒋松财在判决生效后十五日内支付原告高代荣劳务费3300元及利息。

编写人：四川省华蓥市人民法院　刘静

53

受害人死亡情形下中止诉讼的处理

——张存香等诉杨灿能、张朝位提供劳务者受害责任案

【案件基本信息】

1. 裁判书字号

云南省昆明市寻甸回族彝族自治县人民法院（2014）寻民初字第1206号民事判决书

2. 案由：提供劳务者受害责任纠纷

3. 当事人

原告：张存香、袁金兰、王平、王利琴

被告：杨灿能、张朝位

【基本案情】

2013年被告张朝位家建房，被告杨灿能承包建造并雇佣王兴祥做工。2013年10月1日，王兴祥在提供劳务的过程中，从二楼脚手架跌落到地上受伤，先后送至寻甸县第一人民医院、昆明市第一人民医院、云南省公安边防总队医院、中国人民解放军医院进行救治。在治疗过程中，被告杨灿能支付王兴祥医疗费40000元、工资3000余元。出院后，经鉴定，王兴祥构成一级伤残、完全丧失劳动能力、终身完全护理依赖，故诉至本院要求二被告赔偿各项损失共计2248457.46元。在诉讼过程中，王兴祥于2014年11月26日死亡，被告杨灿能于2014年11月28日支付丧葬费2000元。原告张存香、袁金兰、王平、王利琴作为第一顺序继承人申请参加诉讼，要求二被告共同赔偿医疗费、误工费、护理费、死亡赔偿金等各项损失合计777462.46元。

【案件焦点】

1. 王兴祥与被告杨灿能是否形成劳务关系；2. 被告杨灿能、张朝位是否应当共同赔偿医疗费、误工费、护理费、死亡赔偿金等各项损失。

【法院裁判要旨】

云南省昆明市寻甸回族彝族自治县人民法院经审理认为：在王兴祥受伤后，被告杨灿能向其支付了三千余元的工资，对该事实双方均予以认可，表明劳务关系客观存在。王兴祥在提供劳务的过程中从脚手架上跌落，造成一级伤残的损害后果，后又因医治无效去世，理应在情感上获得同情并在法律上获得救济。根据《中华人民共和国侵权责任法》第三十五条之规定，个人之间形成劳务关系，提供劳务一方因劳务造成他人损害的，由接受劳务一方承担侵权责任，提供劳务一方因劳务自己受到损害的，根据双方各自的过错承担相应的责任。王兴祥在施工过程中有一定的疏忽大意，故对其损害后果应承担相应的过错责任。被告杨灿能未取得相应的建造资质即承包工程，在施工过程中未采取充分的安全措施，且事故发生时未在现场进行监工，故对损害后果应承担相应的赔偿责任。综上，本院酌情认定被告杨灿能承担 80% 的责任。此外，根据《最高人民法院关于审理人身损害赔偿案件适用法律若干问题的解释》第十一条第二款之规定，雇员在从事雇佣活动中因安全生产事故遭受人身损害，发包人、分包人知道或者应当知道接受发包或者分包业务的雇主没有相应资质或者安全生产条件的，应当与雇主承担连带赔偿责任。本案中，被告张朝位在被告杨灿能没有相应资质的情况下仍将工程发包，且被告张朝位亦参与施工，对施工场地不具备必要的安全生产条件是明确知晓的，但却未采取相应的措施，主观上持放任态度，故被告张朝位应与被告杨灿能承担连带赔偿责任。据此，依照《中华人民共和国侵权责任法》第十六条、第三十五条，《最高人民法院关于审理人身损害赔偿案件适用法律若干问题的解释》第十一条第二款、第十七条、第十八条、第十九条、第二十条、第二十一条、第二十二条、第二十三条、第二十四条、第二十六条、第二十七条、第二十八条、第二十九条，《最高人民法院关于确定民事侵权精神损害赔偿责任若干问题的解释》第一条、第十条，《诉讼费用交纳办法》第四十四条、第四十五条之规定，判决如下：

一、由被告杨灿能于判决生效后赔偿原告张存香、袁金兰、王平、王利琴医疗费、残疾辅助器具费、鉴定费、交通费、误工费、护理费、住院伙食补助费、营养费、被扶养人生活费、死亡赔偿金、丧葬费、家属办理丧事的误工费、精神损害抚慰金合计533067元。扣除已支付的42000元，还应赔偿491067元。

二、被告张朝位对以上赔偿费用承担连带责任。

三、驳回原告张存香、袁金兰、王平、王利琴的其他诉讼请求。

案件受理费11240元，免予交纳。

【法官后语】

现实生活中，提供劳务者作为社会底层的弱势群体，安全意识淡薄，他们在提供劳务过程中自身受到伤害的情形非常普遍，受伤的情况不一而足，有的软组织挫伤、骨折，有的造成一级伤残甚至死亡，且伤情可能发生变化。该案中，原告构成一级伤残，完全丧失劳动能力，已瘫痪在床。在庭审结束后且判决书已拟好的情况下，原告突然去世，法院立即停止判决书的签发及送达并根据《民事诉讼法》第一百五十条第一项的规定裁定中止诉讼，待继承人申请参加诉讼后恢复审理。

在人身损害赔偿案件中，受害人构成伤残的，赔偿义务人应当赔偿医疗费、误工费、护理费、交通费、住宿费、住院伙食补助费、必要的营养费、残疾赔偿金、残疾辅助器具费、被扶养人生活费、后期治疗费及护理费；受害人死亡的，除应当赔偿医疗费、误工费、护理费、交通费、住宿费、住院伙食补助费、必要的营养费外还应当赔偿丧葬费、被扶养人生活费、死亡补偿费以及受害人亲属办理丧葬事宜支出的交通费、住宿费和误工损失等其他合理费用。很明显，两种情况下的赔偿费用并不相同。尤其需要注意的是，在受害人死亡的情况下，赔偿费用不包括后期治疗费及护理费。该案中，受害人需后期治疗费420000元、后期护理费1109600元，对于来自农村的二被告来说简直是天文数字，若法院依照原有事实及理由进行裁判，对被告而言是不公平、不合法的。在此类案件的审理中，如若遇到原告死亡的情况，应当依法中止审理，待继承人申请参加诉讼后，根据新的诉讼请求或现实情况依法作出判决，以避免错误的判决导致被告承担不必要的责任。

值得探讨的是，假设原告系在判决之后死亡，判决中予以支持的后期治疗费及护理费实际上已不可能发生，要求被告承担该笔费用是极不合理的，则被告此时有何救济途径？笔者认为可分两种情形，一是判决尚未生效，则被告可上诉，要求二审法院根据实际情况改判；二是判决已生效且不存在再审情形，则双方可在执行阶段进行和解，以避免被告的利益受到重大损害。若判决已履行，则可以原告（继承人）取得财产利益已丧失合法依据为由提起不当得利之诉，要求原告（继承人）返还该部分费用。

编写人：云南省昆明市寻甸回族彝族自治县人民法院　韩华瑜

中国法院2012、2013、2014、2015、2016年度案例系列

国家法官学院案例开发研究中心　编

简便易用、权威实用——打造“好读有用”的案例

1. 权威的作者：国家法官学院案例开发研究中心持续20余年编辑了享誉海内外的《中国审判案例要览》丛书，2012年起推出《中国法院年度案例》丛书，旨在探索编辑案例的新方法、新模式，以弥补当前各种案例书的不足。

2. 强大的规模：2012、2013年各推出15本，2014年推出18本，2015年推出19本，2016年推出20本，含传统和新近的所有热点纠纷，所有案例均是从全国各地法院收集到的上一年度审结的近万件典型案例中挑选出来的，具有广泛的选编基础和较强的代表性。

3. 独特的内容：不再有繁杂的案情，高度提炼案情和裁判要旨，突出争议焦点问题。不再有冗长的分析，主审法官撰写“法官后语”，展现裁判思路方法。

1. 婚姻家庭与继承纠纷
2. 物权纠纷
3. 土地纠纷（含林地纠纷）
4. 房屋买卖合同纠纷
5. 合同纠纷
6. 买卖合同纠纷
7. 借款担保纠纷
8. 民间借贷纠纷
9. 侵权赔偿纠纷
10. 道路交通纠纷
11. 雇员受害赔偿纠纷（含帮工受害纠纷）
12. 人格权纠纷（含生命、健康、身体、姓名、肖像、名誉权纠纷）
13. 劳动纠纷（含社会保险纠纷）
14. 公司纠纷
15. 保险纠纷
16. 金融纠纷
17. 知识产权纠纷
18. 行政纠纷
19. 刑法总则案例
20. 刑法分则案例

最高人民法院指导性案例裁判规则理解与适用系列

公司卷（第二版）（上下册）	139 元	婚姻家庭卷	50 元
民事诉讼卷（上下册）	139 元	合同卷四	98 元
侵权赔偿卷二	69 元	合同卷三	98 元
侵权赔偿卷一	69 元	合同卷二	98 元
房地产卷	98 元	合同卷一	98 元
劳动争议卷	58 元	担保卷	98 元

最高人民法院知识产权审判实务系列

商标法适用的基本问题（增订版）	78 元
反不正当竞争法的创新性适用【精装】	68 元
知识产权保护的新思维——知识产权司法前沿问题	98 元
最高人民法院知识产权审判案例指导（第 7 辑）	98 元
最高人民法院知识产权审判案例指导（第 6 辑）	78 元
最高人民法院知识产权审判案例指导（第 5 辑）	88 元
最高人民法院知识产权审判案例指导（第 4 辑）	78 元
最高人民法院知识产权审判案例指导（第 3 辑）	78 元
最高人民法院知识产权审判案例指导（第 2 辑）	78 元
最高人民法院知识产权审判案例指导（第 1 辑）	48 元
中国知识产权指导案例评注（第 6 辑）	128 元
中国知识产权指导案例评注（第 5 辑）	118 元
中国知识产权指导案例评注（第 4 辑）	98 元
中国知识产权指导案例评注（第 3 辑）	98 元
中国知识产权指导案例评注（上、下卷）	188 元
商业秘密司法保护实务	98 元
知识产权法律适用的基本问题——司法哲学、司法政策与裁判方法	168 元
最高人民法院知识产权司法解释理解与适用	58 元

北京市高级人民法院知识产权审判实务书系

知识产权司法保护与审判指导（2015 年第 1 辑，总第 1 辑）	36 元
商业特许经营合同原理解读与审判实务	58 元
北京市高级人民法院《专利侵权判定指南》理解与适用	128 元
商标授权确权的司法审查	88 元
知识产权疑难案例要览（第 3 辑）	98 元
北京市高级人民法院知识产权疑难案例要览（第 2 辑）	88 元
北京市高级人民法院知识产权疑难案例要览（第 1 辑）	78 元

北京市西城区人民法院审判实务书系

老字号企业知识产权管理与法律风险防范	58 元

宁波市中级人民法院知识产权审判实务书系

知识产权审判理念与实务	68 元

中国知识产权报书系

知识产权经典案例评析（2015 年卷）	50 元
知识产权经典案例评析（2016 年卷）	50 元

图书在版编目（CIP）数据

中国法院2016年度案例．雇员受害赔偿纠纷：含帮工损害赔偿纠纷／国家法官学院案例开发研究中心编．—北京：中国法制出版社，2016.3

ISBN 978－7－5093－7170－1

Ⅰ．①中… Ⅱ．①国… Ⅲ．①雇佣劳动－民事纠纷－案例－汇编－中国 Ⅳ．①D920.5

中国版本图书馆CIP数据核字（2016）第015757号

策划编辑：李小草（lixiaocao2008@sina.cn）

责任编辑：黄会丽　　　　封面设计：温培英、李宁

中国法院2016年度案例·雇员受害赔偿纠纷（含帮工损害赔偿纠纷）

ZHONGGUO FAYUAN 2016 NIANDU ANLI · GUYUAN SHOUHAI PEICHANG JIUFEN (HAN BANGGONG SUNHAI PEICHANG JIUFEN)

编者/国家法官学院案例开发研究中心

经销/新华书店

印刷/三河市紫恒印装有限公司

开本/730毫米×1030毫米　16　　　　印张/12.5　字数/163千

版次/2016年3月第1版　　　　2016年3月第1次印刷

中国法制出版社出版

书号 ISBN 978－7－5093－7170－1　　　　定价：39.00元

北京西单横二条2号　　　　值班电话：66026508

邮政编码 100031　　　　传真：66031119

网址：http：//www.zgfzs.com　　　　编辑部电话：66070084

市场营销部电话：66033393　　　　邮购部电话：66033288

（如有印装质量问题，请与本社编务印务管理部联系调换。电话：010－66032926）